Elke Endraß

Gemeinsam gegen Hitler

Elke Endraß

Gemeinsam gegen Hitler

Pater Alfred Delp und
Helmuth James Graf von Moltke

Kreuz

»Wer aber vor der Vergangenheit die Augen verschließt, wird blind für die Gegenwart.«

Richard von Weizsäcker

Inhalt

Vorwort

In ihrer Einleitung zu diesem Buch erklärt Elke Endraß, warum es ihr notwendig erscheint, die Geschichte des Lebens und Sterbens von zwei Männern des deutschen Widerstands gegen die Hitlerdiktatur, Alfred Delp und Helmuth James von Moltke, im Bewusstsein ihrer Leser lebendig zu machen. Sie wurden Freunde im Widerstand und wurden beide vor 100 Jahren, nämlich 1907, geboren.

Die Vergangenheit ist keine tote Angelegenheit. Wir Menschen haben die unvergleichliche Gabe, sowohl die Vergangenheit wie die Zukunft auf uns wirken zu lassen. Wir können uns nach rückwärts und nach vorwärts wenden. Wir können Vergangenes wieder für die Zukunft lebendig machen. In unserem täglichen Leben tun wir das alle. Aber es gilt auch für den Umgang mit unserer Geschichte. Man kann auch aus unserer Geschichte Vergangenes für die Zukunft lebendig machen. Vieles muss man vergangen sein lassen, man muss wählen, was wieder lebendig werden darf.

Elke Endraß wählt den deutschen Widerstand gegen Hitler und sein Regime. Viel erreicht hat dieser Widerstand nicht, aber er hat sich gelohnt. In allen Schichten der deutschen Gesellschaft hat der Widerstand gegen die Nazidiktatur aus dem Glauben an die Menschenrechte gehandelt, die das christliche Europa in seiner langen, turbulenten Geschichte entwickelt hat. Der Widerstand hat diese Menschenrechte durch die Nazijahre lebendig erhalten, die Menschenrechte, auf denen die Bundesrepublik aufbauen konnte und die auch heute noch unsere Zukunft bestimmen, für die man aber immer wieder kämpfen muss.

Freya von Moltke

Einleitung

Warum schreibst du nicht mal was Amüsantes, fragen mich manche. Hitler, Nazi-Deutschland, Widerstand – wer will das überhaupt noch hören? Diejenigen, die so fragen, raten mir dann meist, unsere unselige Vergangenheit doch endlich ruhen zu lassen. Aber genau das, meine ich, dürfen wir nicht. Jedes Schweigen wäre Verrat, jedes Verdrängen neue Nahrung für rechtsradikale Gesinnungen.

Während der Arbeit an diesem Buch flatterte mir ein Rundschreiben des Görlitzer DSU-Stadtrats Jürgen Hösl in den Briefkasten. Der 27-Jährige hatte in gestochen scharfer Sütterlinschrift unterschrieben. Er äußerte sich zu seiner Verurteilung am 8. April 2006 im polnischen Jelenia Gora, dem ehemaligen Hirschberg. Hösl, der eine Plakataktion initiiert hatte, stand wegen Aufruf zum Rassenhass und wegen Verunglimpfung der polnischen Nation vor Gericht. Er erhielt zehn Monate auf Bewährung; seine beiden Mitstreiter kamen mit acht Monaten davon. Sie hatten im polnischen Boleslawiec (früher: Bunzlau) und in Görlitz revanchistische Plakate geklebt, auf denen Fotos von Massengräbern, Flüchtlingstrecks und verstümmelten Leichen zu sehen waren. Laut Hösl handelte es sich dabei um deutsche Opfer, die nach dem 8. Mai 1945 in den ehemals deutschen Ostgebieten ermordet wurden. Auf den Plakaten forderte Hösl auch die Rückgabe der »völkerrechtswidrig enteigneten Häuser und Grundstücke«. Jürgen Hösl war zu diesem Zeitpunkt längst kein Unbekannter mehr. Bereits etliche Monate zuvor hatte er etwa 1500 Kreuze in Deutschland fertigen lassen und in Depots versteckt. Es gelang ihm, mehrere hundert davon in Wroclaw (Breslau) und Umgebung aufzustellen. Sie trugen die Aufschrift »Niemcy 1945–46« (Deutsche 1945–46). Auch damals gingen er und seine

Mitstreiter einer polnischen Polizeikontrolle ins Netz, wurden jedoch schon bald wieder auf freien Fuß gesetzt.

Hösl scheint sogar stolz auf seine Verurteilung zu sein. Weitsichtig, wie er ist, erkennt er, dass er sich in der Nazi-Szene durchaus als Märtyrer feiern lassen kann, wenn er den Vorfall nur geschickt genug publizistisch vermarktet: Ein unschuldiger Deutscher, der die Polen über ihre begangenen Verbrechen aufklären will und dafür zu Unrecht verurteilt wird. In dem eingangs erwähnten Rundschreiben, das im Übrigen die Inhalte seiner Plakataktion wiederholte, schrieb er: »... es war ein schauderhaftes Gefühl, in einem alten preußischen Gerichtsgebäude zu sitzen, von dem man in den deutschen Akten gelesen hat, dass dessen Kellergewölbe den polnischen Milizen als Folterkammer diente und in den Amtsräumen vergewaltigt wurde. Sechzig Jahre nach Flucht und Vertreibung, Zwangsarbeit und Folter saßen wir hier und mussten uns von einem polnischen Richter anhören, dass die Veröffentlichung dieser Tatsachen das polnische Volk beleidige ...«

Millionen Deutsche – so Hösl in seinem Rundschreiben – hätten in Konzentrationslagern »unter unmenschlichen Bedingungen« Zwangsarbeit leisten müssen. Der Leser reibt sich verwundert die Augen, denn von den unvorstellbaren Verbrechen, die wir Deutschen begingen, ist nirgends die Rede. Auschwitz, Treblinka, Sobibor – für Hösl kein Thema. Hösl scheint die Tatsache völlig zu ignorieren, dass *wir* es waren, die den Krieg begonnen haben.

Auf dem Schlesiertreffen der Landsmannschaft Schlesien im Jahr 2001 in Nürnberg forderte Hösl die »Aufhebung der Vertreibungsdekrete« und die »Rückgängigmachung der Enteignungen«. Ein Jahr später ließ er gegenüber der »FAZ« verlauten, die Oder-Neiße-Linie sei eine Unrechtsgrenze. Als Pendant zur Ausstellung »Verbrechen der Wehrmacht« organisierte Hösl eine

Wanderausstellung, die über angebliche Gräueltaten der Alliierten am »deutschen Volk« aufklären sollte.

In der Tat haben viele Deutsche unvorstellbares Leid und Elend im Zug der Vertreibungen erlebt. Diese Tatsache darf nicht unter den Teppich gekehrt werden. Offensichtlich will Hösl jedoch die Geschichte auf den Kopf stellen, denn seine Plakate und Flugblätter erwecken den Eindruck, dass wir Deutschen die Opfer sind und dass die schlimmsten Taten von Polen und Tschechen begangen wurden.

Der gebürtige Nürnberger Hösl begann seine zweifelhafte Karriere zunächst als Mitglied der Jungen Union. Mitte der 90er hatte er erstmals Kontakt zur Schlesischen Jugend, die ihn Ende 2000 zu ihrem Vorsitzenden wählte. Allmählich trat seine rechtsradikale Gesinnung immer deutlicher zum Vorschein. So musste er seinen Posten als ehrenamtlicher Archivar des 1. FC Nürnberg räumen, nachdem er einem Studenten die Einsicht in das Archiv verwehrt hatte und zu ihm gesagt hatte: »Die Reichskristallnacht ist eine Erfindung Martin Luthers. Schreiben Sie lieber über die Neger, die sich in Afrika gegenseitig massakrieren, und lassen Sie mich mit dem Zeug von vor 60 Jahren zufrieden.« Hösl bestritt seine Äußerung später mit den Worten: »Als Christ habe ich nichts gegen Juden, brauche sie aber auch nicht.«

Nachdenklich stimmen auch die Reaktionen, die Hösls Unternehmungen hervorriefen. Es überrascht, dass die Rathausspitze in Görlitz erst am 2. August rückwirkend für den 30. April eine Strafanzeige stellte – also erst nachdem der Fall in den Medien ausführlich behandelt und ein Ignorieren der Tat unmöglich geworden war. Die DSU hielt es nicht für angebracht, Hösl aus ihrer Partei auszuschließen; schließlich bekannte sie sich zu den Inhalten der Plakate. Die Schlesische Jugend sah sich zwar genötigt, sich von Hösl zu distanzieren; Skepsis ist allerdings angebracht. Immerhin hatte der Vorsitzende der

Schlesischen Jugend sich noch anerkennend zu Hösls Holzkreuzaktion geäußert. Und der Vorsitzende der Landsmannschaft Schlesien bedankte sich damals sogar öffentlich dafür.

Die Vergangenheit endlich ruhen lassen?

Blickwechsel – Nach den Landtagswahlen in Mecklenburg-Vorpommern vom 17. September 2006 schaffte die NPD landesweit mit 7,3 Prozent der Stimmen erstmals den Einzug in den Schweriner Landtag. In manchen Hochburgen erreichte die rechtsextreme Partei sogar mehr als 30 Prozent. Der Spitzenkandidat und das neue Landtagsmitglied Udo Pastörs kommen schon rein äußerlich als Hitler-light-Kopie daher. Sogar seine Art sich zu bewegen weist verblüffende Ähnlichkeiten mit dem Mann auf, den er offensichtlich bewundert; hatte er doch im Wahlkampf von Hitler gesagt: »Er ist ein Phänomen gewesen, dieser Mann, militärisch, sozial, ökonomisch.« Ein Zuhörer wollte sogar vernommen haben, Pastörs habe die Äußerung fallen lassen, einer wie Hitler werde »leider nur alle 1000 Jahre geboren«. Das stritt Pastörs jedoch entschieden ab. Unbestritten ist allerdings, dass er in seinen Reden – die in Duktus und Sprechmelodie übrigens auffallend stark an Hitler erinnern – folgende Sätze äußerte: »Rudolf Hess war ein absoluter Idealist. Er ist für mich vergleichbar nach meiner Auffassung mit Gandhi.« Und über seine Visionen lässt er auch niemanden im Unklaren. Was er will, ist ein »Europa der Vaterländer, das nichts anderes sein kann als der Kulturraum weißer Menschen. Reihen Sie sich ein bei uns, und ich verspreche Ihnen, in fünf, zehn oder fünfzehn Jahren machen wir uns wieder frei von diesem Gaunerstaat.«

Die Vergangenheit endlich ruhen lassen???

Die Augen nicht schließen vor der drohenden Gefahr, nicht schweigen zum Unrecht – nach dieser Überzeugung haben Pater Alfred Delp und Helmuth James Graf von Moltke gelebt, und für diese Überzeugung sind sie gestorben. 1907 jährt sich der Geburtstag dieser beiden berühmten Widerstandskämpfer des Kreisauer Kreises zum 100. Mal. Moltke kam am 11. März im niederschlesischen Kreisau zur Welt, Alfred Delp am 15. September in Mannheim. Zwei Männer, zwei unterschiedliche Charaktere, zwei unterschiedliche Lebensläufe. Wie sie zu dem wurden, was sie waren, und wie sich schließlich ihre Wege kreuzten im gemeinsamen Widerstand gegen die nazionalsozialistische Diktatur, davon handelt dieses Buch.

Auf dem Gut der Familie von Moltke trafen sich die Mitglieder des Kreisauer Kreises, um sich konkrete Gedanken über ein neues Deutschland nach dem Sturz Hitlers zu machen. Heute begegnen sich hier Jugendliche und Erwachsene aus verschiedenen Ländern, um im Gespräch und in gemeinsamer Arbeit einander besser kennenzulernen. Diese Arbeit wird von der Stiftung Kreisau und der Freya-von-Moltke-Stiftung unterstützt. Freya von Moltke, die Witwe von Helmuth James von Moltke, ist eine der letzten lebenden Zeitzeugen deutschen Widerstands. Von Anfang an wirkte sie an der Neugestaltung Kreisaus mit, weil sie davon überzeugt ist, dass wir noch lernen können, auf dieser Erde friedlich zusammenzuleben. Die internationale Bildungs- und Begegnungsstätte im heute polnischen Krzyzowa ist ein Weg dorthin; sie dient der europäischen Verständigung.

Elke Endraß
www.elke-endrass.de

I. Lebensanfang

»Wer Mensch sein will, muss Christ werden« – Alfred Delp

Ein »ökumenisches« Elternhaus

Ein lediges Kind war er, unehelich geboren. Mitnichten das, was man sich gemeinhin unter einem späteren Priester vorstellt. Seine Eltern hatten zu diesem Zeitpunkt sogar schon eine zweijährige Tochter, ganz schön mutig für die Belle Époque. Immerhin war man zu Beginn des 20. Jahrhunderts noch reichlich prüde. Wie mag man über die »wilde Ehe« der Eltern hinter vorgehaltener Hand getuschelt haben? In einer Großstadt wie Berlin wäre dies vielleicht noch zu ertragen gewesen. Aber in Hüttenfeld? Der kleine, beschauliche Ort, der heute zu Lampertheim gehört, liegt in der Oberrheinischen Tiefebene, unweit von Mannheim. Hier kannte jeder jeden.

Die Mutter, Maria Bernauer, war katholisch und stammte aus einer Landwirtsfamilie. Sie brachte ihren Sohn in Mannheim am 15. September in einem Entbindungsheim zur Welt. Zwei Tage später wurde das Kind in der Oberen Katholischen Pfarrei auf den Namen Friedrich Alfred getauft. Das Taufregister vermeldet noch den Namen des Paten: »Adam Thomas, Kaufmann, evangelisch in Frankfurt«.[1]

Ein evangelischer Pate – auch das passte nicht so ganz in das katholische Konzept. Offenbar ließ sich die Mutter nicht vorschreiben, was sie zu tun hatte. Exakt einen Monat später heirateten die Eltern des kleinen Friedrich Alfred, und das Taufregister wurde um folgenden Eintrag ergänzt: »Legitimiert durch Ehe vom 15.10.1907 zu Heidelberg. Vater Johann Adam Friedrich Delp«.[2]

Gewiss hätte das Paar schon früher den Gang zum Traualtar angetreten. Die Frage war nur: vor welchen?

Johann Delp war nämlich evangelisch wie die meisten Hüttenfelder, und das dürfte in beiden Familien zu erheblichen Unstimmigkeiten geführt haben. Die Kluft zwischen Katholiken und Protestanten schien unüberwindlich und konnte bestenfalls durch die Liebe überbrückt werden. In der Regel traute man sich jedoch nicht über den Weg. Auf beiden Seiten fürchtete man, sein Seelenheil zu verlieren, wenn man sich mit einem Andersgläubigen einließ. Die Gründe dafür waren historisch bedingt. Über 300 Jahre gehörte die Bevölkerung zur Kurpfalz. Gemäß dem Prinzip »cuius regio, eius religio« bestimmte der jeweilige Landesfürst, welchem Glauben seine Untertanen annahmen. Zwischen den Jahren 1556 und 1649 mussten sie siebenmal das Bekenntnis wechseln. Zweimal waren sie lutherisch, zweimal calvinistisch, einmal calvinistisch-lutherisch und zweimal katholisch. Nach dem Ende des Dreißigjährigen Krieges konnte sich dann die reformierte (calvinistische) Pfälzer Landeskirche dauerhaft behaupten. Doch erst 1822 wurde mit der Verfassung des Großherzogtums Hessen auch religiöse Toleranz gewährt. Zwei Jahre später schlossen sich die lutherischen und reformierten Christen in der »unierten« evangelischen Kirche zusammen. Das Verhältnis zwischen Katholiken und Protestanten blieb allerdings noch bis nach dem Zweiten Weltkrieg gespannt. So mussten die katholischen Christen lange auf eine eigene Kirche warten. Bereits 1868 beantragten sie den Bau einer katholischen Kapelle, doch erst im Juli 1923 wurde ihnen notdürftig ein Saal im ehemaligen Gasthaus »Zur Wildbahn« für Gottesdienste hergerichtet. Das Provisorium hielt bis 1995. Erst dann bekamen die Katholiken ihr eigenes »richtiges« Gotteshaus. Die Herz-Jesu-Kirche wurde neben dem Pater-Delp-Zentrum erbaut und von Bischof Karl Lehmann eingeweiht.

Ein enger Zusammenhang bestand zwischen der Konfession und dem sozialen Status. Wie in vielen Gebieten Deutschlands, so gehörten auch die kurpfälzischen Katholiken zur ärmeren Schicht innerhalb der Bevölkerung. Ein Umstand, der sich später auf Delps Auseinandersetzung mit der sozialen Frage und seinen Beitrag im Kreisauer Kreis auswirkte.

Die Ursachen für die konfessionell bedingten sozialen Unterschiede reichten Jahrhunderte zurück. Die allgemeine Schuldbildung ist letztlich das Resultat der Reformation und ein Verdienst Martin Luthers, der auch dafür plädierte, Mädchen zur Schule zu schicken. Doch erst nach seinem Tod wurde sein Wunsch wahr. »Um der Kirche willen muss man christliche Schulen haben und erhalten; denn Gott erhält die Kirche durch Schulen, Schulen erhalten die Kirche.« Dieses Zitat aus Martin Luthers Tischreden zeigt, dass Schule und Bildung seit der Reformation untrennbar mit dem Protestantismus verbunden sind. Die Reformation hat der Erziehung und Bildung wichtige Impulse gegeben. Der Protestantismus wurde zu einer »Bildungsbewegung«. Die ersten evangelischen Schulen und Internate sind unmittelbar im Zug der Reformation entstanden. In den »Genuss« des allgemeinen Schulunterrichts kamen zunächst alle Wittenberger Kinder, bevor dieses Modell auch andernorts eingeführt wurde. Dass Luther die allgemeine Bildung so wichtig war, hatte gute Gründe. Dahinter steckte die reformatorische Überzeugung: Glaube und Wissen gehören zusammen. Wer für seinen Glauben selbst verantwortlich ist, muss auch die Bibel lesen können. Eine Auffassung, die die katholische Kirche lange nicht teilen mochte, denn wer lesen und schreiben konnte und somit über eine gewisse Bildung verfügte, war in der Lage, ein eigenes Urteil zu fällen und kritisch zu reagieren. Nachdenken, hinterfragen, rebellieren – das war für die katholische Kirche wie auch für katholisch gesinnte Landesherren die logische Konsequenz; darin sahen sie verständlicherweise eine Gefahr der allgemeinen Bildung. Macht und Geld standen auf dem Spiel. Ungebildete Untertanen waren leichter in der Abhängigkeit zu behalten und somit manipulierbar. In der Regel waren es daher nur wenige Katholiken, die nach Einführung der allgemeinen Schulpflicht den Weg der Weiterbildung beschritten, um sich ein breites Wissen anzueignen. Und diese wenigen gehörten in der Regel zur klerikalen Schicht, zumal es für ärmere, auffallend begabte Kinder – hier wiederum die Söhne – ohnehin nur einen Weg gab, eine akademische Laufbahn einzuschlagen: den Eintritt ins Priesterseminar.

In Gebieten, die überwiegend katholisch geprägt waren, herrschte daher sehr viel größere Armut als in protestantischen Ländern. Das war zum Beispiel in Oberbayern, Österreich oder in der Oberpfalz nach der Gegenreformation bis in die erste Hälfte des 20. Jahrhunderts der Fall. In gemischt konfessionellen Gebieten gehörten die Katholiken eher dem Bauern- und Arbeiterstand an, während die Protestanten auffallend häufig in akademischen Berufen tätig waren.

Nicht anders verhielt es sich im Haus Delp. Alfreds Mutter arbeitete als Köchin in einem Offiziershaushalt. Sie stammte aus einer katholischen Familie, die als Landwirte und Schuhmacher ihr Brot verdienten. Die Hüttenfelder Bauern versuchten, dem sandigen Boden etwas Ertrag abzuringen: Spargel, Gurken, Karotten, Bohnen, Tabak und in geringen Mengen Wein, der im milden Klima der südhessischen Bergstraße gut gedieh. Um Weideland für das Vieh zu gewinnen, wurde regelmäßig der Lorscher See trockengelegt.

Die Familie des Vaters hingegen war seit Generationen protestantisch. Sie hatte in früheren Generationen bedeutende Theologen hervorgebracht; Hofprediger und

Superintendenten waren darunter wie etwa Johannes Viëtor, Johannes Angelus oder Heinrich Leuchter. Alfreds Vater hatte eine Ausbildung als Kaufmann abgeschlossen. 1920 fand er eine Anstellung in der Ortskrankenkasse. Zur Verwandtschaft der Familie Delp gehörte auch der bekannte Sozialdemokrat Heinrich Delp, der im KZ Dachau starb. Dass Alfred Delp sich später intensiv mit einer neuen sozialen Ordnung befasste und Priester wurde, hat jedoch kaum etwas mit seinem familiären Hintergrund zu tun. Die soziale Frage war zu jener Zeit ein brandaktuelles Thema, und Alfred Delp bekam den Unterschied zwischen Arm und Reich hautnah zu spüren – ein Unterschied, der nicht zuletzt mit der Konfession verknüpft war. Mit Sicherheit las Alfred Delp später auch die Schriften des Nationalökonomen und Soziologen Max Weber. Nicht von ungefähr vermutete dieser einen unmittelbaren Zusammenhang zwischen Religion und wirtschaftlichem Erfolg. Dabei sah er vor allem im Calvinismus die Grundlage für den Kapitalismus. Der Schweizer Reformator Johannes Calvin (1509 bis 1564) predigte die Prädestinationslehre, nach der Gott vorherbestimmt habe, wer als Erwählter in den Himmel und wer als Verdammter in die Hölle komme. Erfolg hat demnach nur der Erwählte. Sein Wohlergehen ist nach calvinistischer Philosophie ein untrügliches Zeichen für Gottes Segen – ein Segen, auf dem sich der Erwählte allerdings nicht ausruhen darf. Denn Reichtum verpflichtet zu guten Werken und zu noch mehr Leistung. Wer durch harte Arbeit zu Ansehen und Reichtum kommt – so die calvinistische Überzeugung –, dem zeigt Gott schon auf Erden, dass er für das ewige Leben auserwählt ist. Auf dieser Grundlage bildete sich ein neuer Unternehmertyp heraus, denn um noch erfolgreicher zu sein, musste die Arbeit rationalisiert werden. Eindrucksvoll demonstriert wurde dies durch die Hugenotten. Sie erfanden sozusagen die Arbeitsteilung, die Akkordarbeit und den Stücklohn, d.h., gemäß der calvinistischen Auffassung wurde derjenige belohnt, der besonders tüchtig und fleißig war. Es ist keineswegs übertrieben, zu behaupten, dass viele wirtschaftliche Innovationen vor allem in den USA oder in Holland nicht denkbar wären ohne die reformierte Lehre.

Disziplin, Fleiß und Sparsamkeit: Wie kein anderer vereinigte der amerikanische Ölgigant Rockefeller diese Grundpfeiler des Calvinismus in sich. In den Augen Max Webers war er der Prototyp des modernen Unternehmers. Seine Milliarden betrachtete Rockefeller nicht als seinen Besitz, sondern als »Gottesgeld«: Es war ihm seiner Meinung nach nur von Gott geliehen, und er sah es als ehrenvolle Aufgabe an, es treuhänderisch zu verwalten und zu vermehren.

Dass die Katholiken als Unternehmer häufiger scheiterten bzw. ihr Glück als Unternehmer erst gar nicht versuchten, hing nach Webers Ansicht mit der fehlenden Berufsethik und der völlig anderen Einstellung zum Geld zusammen. Da es zu den Todsünden zählte, sich durch Geschäfte jedweder Art persönlich zu bereichern, arbeiteten die Katholiken weniger als ihre protestantischen Glaubensgenossen. Ihre beruflichen Ambitionen hielten sich in Grenzen. Traditionell waren sie überwiegend in den bäuerlichen Berufen beheimatet. Sie verkörperten das bodenständig Bewahrende. Das Gelingen ihrer Arbeit lag hier nicht so sehr in ihrer eigenen Verantwortung, sondern hing von Gottes Wohl und Wehe ab. Ob die Saat aufging, war eine Frage der Witterung, und diese wiederum lag in Gottes Hand. Im Zug der Industrialisierung fanden sich viele Katholiken als Arbeiter in den Fabriken wieder. Interessant ist, dass es auch für Delp keine Frage des Zufalls war, ob jemand nun als Arbeiter oder als Landwirt sein Dasein fristete, er hielt dies für das Ergebnis der »göttlichen Vorsehung«, wie es Papst Pius XI. einmal ausdrückte.

Eine Ohrfeige und der Entschluss, katholisch zu werden

Während es um ihn herum immer wieder zu konfessionell bedingten Spannungen kam, wuchs Alfred Delp in einem ökumenischen Umfeld auf, und das, obwohl man noch gar nicht recht wusste, wie dieses Wort geschrieben wurde. Er und seine Geschwister waren sowohl mit evangelischen als auch mit katholischen Kindern befreundet[3], was in anderen Familien meistens streng verpönt war. Und während andere dazu erzogen wurden, zu allem Ja und Amen zu sagen, legten Vater und Mutter Delp Wert darauf, ihre Sprösslinge zu selbstbewussten, furchtlosen Menschen heranzuziehen.[4] Kurz: Im Hause Delp verlief manches etwas anders als in anderen Familien. Kein Wunder, schließlich hatten schon die Eltern mit ihrer unkonventionellen Ehe ihren Mut unter Beweis gestellt. Später, als Alfred Delp schon im Gefängnis saß, machte er sich Gedanken darüber, wie die »Erziehung des Menschen zu Gott« hin aussehen müsste: »Dieser Mensch ist krankhaft lebensunkundig geworden. Es muss ein eigenes, intensives Bemühen aufgewendet werden, den Menschen wieder seelisch und geistig bodenständig zu machen. Dazu gehören: Erziehung zur Selbstständigkeit, Verantwortung, Urteilsfähigkeit, Gewissensfähigkeit ...«[5]

Der Vater Alfreds zeigte sich nach der Machtergreifung Hitlers allerdings nicht mehr ganz so mutig, allerdings auch aus Angst um seinen Sohn. In der AOK Bensheim, in der er seit 1939 arbeitete, waren besonders viele Katholiken vertreten, die den Hitlergruß weitgehend vermieden. Trotzdem sagte Johann Delp immer »Heil Hitler«. Als er spürte, dass man sich darüber wunderte, versuchte er sein Verhalten einmal einem Kollegen zu erklären: »... Unser Bub ist doch bei den Jesuiten, und da müssen wir vorsichtig sein.«[6]

Alfred Delp hatte eine recht glückliche Kindheit. Seine fünf Geschwister erinnerten sich später, dass er ein ausgesprochen lebhafter, um nicht zu sagen wilder Junge gewesen sei, der viel Unfug im Kopf gehabt habe. Er trieb sich in verbotenen Gärten und Grundstücken herum. Wurde er erwischt, foppte er seine Verfolger, indem er kurzerhand über das Flüsschen Volland sprang. Fröhlich und übermütig war er – eben ein ganz normaler Junge.

Von den unterschiedlichen konfessionellen Ansichten der Eltern bekamen die Geschwister nicht allzu viel mit. Sonntags besuchten sie mit ihrer Mutter den Gottesdienst der katholischen Kirche. Der Vater blieb zu Hause, betete allerdings das abendliche Rosenkranzgebet wie selbstverständlich mit. Der Gott, mit dem Alfred Delp und seine Geschwister groß wurden, war ein Gott, dem man vertrauen durfte, ein Gott, der ihnen keine Angst machte.

»Wenn ich sage Gottesfurcht, dann meine ich zunächst einmal eines nicht: Ich meine nicht die Angst vor Gott. Es gibt keine größere Parodie und kein größeres Zerrbild des Religiösen, als eine Religion auf Angst aufbauen zu wollen; und es gibt auch kein größeres Unrecht Gott, dem Herrn, gegenüber, als vor ihm knechtisch und hündisch und rechnerisch zu zittern und zu zagen in der feigen Furcht dessen, der meint, er könnte etwas für sich verlieren oder es könnte ihm Gefahr drohen von diesem seinem Gott her. Nein, Gottesfurcht sagt zunächst einmal, es soll das Alte wieder entdeckt werden, dass Gott der Herr ist … Dass der Mensch wieder lernt, wirklich und persönlich und praktisch und alltäglich mit Gott als der letzten Kategorie des Wirklichen, als der ausschlaggebenden Wertung des Existierenden zu rechnen.«[7]

Ursprünglich war sein Vater damit einverstanden gewesen, dass seine Mutter die Kinder katholisch taufen ließ und sie auch katholisch erzog. In Hüttenfeld gab es damit auch kein Problem. Der Ort besaß nur eine einzige Volksschule, die von Kindern beider Konfessionen besucht wurde. Das Schulhaus war erst im Geburtsjahr Alfred Delps neu errichtet worden. Heute befindet sich in demselben Gebäude die Grundschule. Kurz vor Weihnachten 1914 zog die Familie in das benachbarte Lampertheim. Dort gab es eine evangelische und eine katholische Volksschule. Alfred Delp und seine Geschwister wurden in die evangelische Schule eingeschrieben. Seine Mutter hätte sicherlich anders entschieden. Alfred Delps Biograf Roman Bleistein schließt aus der Wahl der Schule, dass sich der Vater nun plötzlich anders besonnen habe und eine protestantische Erziehung durchsetzen wollte.[8] Der katholische Pfarrer Peter Hammerich aus Lampertheim gibt allerdings zu bedenken, dass es bis weit in die sechziger Jahre hinein durchaus üblich war, die Kinder der Religion ihres Vaters zuzuteilen.[9] Die Konfessionsschulen wurden im Zug der nationalsozialistischen Diktatur 1934 aufgehoben.

Das Lernen viel Alfred leicht, ein Streber war er allerdings nicht. Offenbar entfernte er sich auch manchmal unerlaubt vom Unterricht und brachte seine Lehrerinnen und Lehrer damit zur Verzweiflung. Jahre später schrieb er an Maria Luttermann: »Unter meiner Primizpost, die ich erst hier genauer durchsehen konnte, fand ich zu meiner großen Freude auch Ihre Grüße. Sie können sich denken, welche Erinnerungen da in mir wach wurden an die ersten Anfänge meiner so endlos langen Schulzeit … Viele und immer wieder andere Lehrer habe ich seitdem gehört, aber ich hab die noch nicht vergessen, die mit viel Geduld und Liebe dereinst den wilden Lausbuben die ersten Anfangsgründe beibrachten. – Ich hätte Sie gern in Lampertheim kurz begrüßt. Einmal sah ich Sie auf dem Schulhof mit Ihrer Klasse, aber ich wusste nicht, ob es Ihnen so in aller Öffentlichkeit lieb und recht war … Vielleicht habe ich ein andermal mehr Glück. – Vielen herz-

lichen Dank für Ihre Glückwünsche und ergebene Grüße
Ihr alter Schulbub und Ausreißer Alfred Delp SJ«[10]

Die Mutter erzog die Kinder mit einer gewissen Strenge; der Vater war – wie sich Alfreds jüngster Bruder Friedrich erinnert – etwas nachsichtiger.[11] Allerdings war er auch nicht häufig zu Hause. Alfreds Kindheit fiel in die Zeit des Ersten Weltkriegs. Der Vater musste an die Front, und als der Krieg aus war, diente Johann Delp noch bis 1920 in der Reichswehr in Darmstadt. Während dieser Zeit sah er seine Familie nur am Wochenende. Verständlich, dass sich die Kinder eine Art Vaterersatz suchten. Sie fanden ihn in dem katholischen Pfarrer Johannes Unger. Er wohnte in der Nachbarschaft und besuchte die Familie Delp regelmäßig, die im ersten Stock des Katholischen Vereinshauses »Zum Schwanen« eine Bleibe gefunden hatte. Die Kinder fassten so viel Vertrauen zu ihm, dass sein evangelischer Kollege, Pfarrer Rudolf Eckel, etwas neidisch wurde. Er war eine resolute und impulsive Persönlichkeit. Eckel schätzte Alfred sehr, weil der Junge im Konfirmandenunterricht aufmerksam zuhörte und durch gute Antworten auffiel. Am 29. März 1921 – Ostermontag – wurde Alfred Delp in der Lukaskirche Lampertheim konfirmiert. Als er danach einmal zu spät in den Religionsunterricht kam, den ebenfalls Pfarrer Eckel hielt, gab es Ärger. Ungehalten forderte Eckel eine Entschuldigung, und Alfred antwortete arglos, er habe den katholischen Pfarrer Unger besucht. Eckel, der für so viel Ökumene offensichtlich kein Verständnis hatte, gab ihm eine schallende Ohrfeige. Alfred empfand dies als ungerecht, ließ sich aber nicht einschüchtern. Er tat das aus seiner Sicht einzig Richtige: Er suchte Trost beim katholischen Pfarrer und bat um Aufnahme in die katholische Kirche. Nachdem er bereits katholisch getauft war, fehlte nur noch die Firmung, der allerdings noch die erste heilige Kommunion vorausgehen musste. Pfarrer Unger erklärte sich bereit, sozusagen im Schnellverfahren das Fehlende nachzuholen. Hatte Alfred Delp zuvor gründlich den evangelischen Katechismus studiert, so musste er sich nun mit den Besonderheiten der katholischen Glaubenslehre befassen. Bereits am 19. Juni 1921, also nur ein knappes Vierteljahr nach seiner Konfirmation, empfing er in der Kapelle des St. Marienkrankenhauses die erste heilige Kommunion. Und schon am 28. Juni 1921 durfte Alfred Delp mit anderen katholischen Lampertheimer Kindern zur Firmung in die St. Andreaskirche gehen.

Diese in ihrer knappen zeitlichen Abfolge außergewöhnlichen Ereignisse zeigen deutlich, wie eigensinnig und entschlusskräftig Alfred Delp schon in jungen Jahren war. Sie zeigen aber auch, welche Rolle Erwachsene in der religiösen Entwicklung junger Menschen spielen können. Hätte sich der evangelische Pfarrer klüger verhalten, wäre er einfühlsamer mit den Kindern umgegangen, wäre Alfred Delp wohl kaum auf die Idee gekommen, die »Seiten« zu wechseln. Allerdings darf auch nicht übersehen werden, dass der katholische Glaube der Mutter prägend für Alfred Delp war. Die konfessionelle Zerrissenheit führte letztendlich dazu, dass Alfred Delp heute allen »gehört«, Katholiken wie Protestanten gleichermaßen – so wie Dietrich Bonhoeffer nicht nur von evangelischen, sondern auch von katholischen Gläubigen verehrt wird.

Ein Rastloser, Getriebener – und ein begeisterter Anhänger der Jugendbewegung

Pfarrer Unger fiel bald auf, dass Alfred Delp ein sehr begabter und fleißiger Junge war. Er riet den Eltern, ihren Sohn doch auf eine höhere Schule zu schicken. Und da

Alfreds Mutter auf dem Standpunkt stand: Wenn schon katholisch, dann richtig katholisch, war sie damit einverstanden, dass der Pfarrer ihm einen Platz im Bischöflichen Konvikt und Gymnasium in Dieburg besorgte. Jeden Tag bereitete er Alfred auf die Aufnahmeprüfung vor, die er 1922 auch glanzvoll bestand. Gleich zweimal durfte er eine Klasse überspringen. Doch anders, als man es von solchen Hochbegabten oft kennt, war Delp kein Außenseiter in seiner Klasse. Er machte sich mit seinen guten Leistungen keineswegs unbeliebt. Im Gegenteil: Seine fröhliche Art, sein ansteckendes Lachen zogen alle an. Er war ehrgeizig, strebsam, wissensdurstig und neugierig. Und – er war nie zufrieden mit sich und dem Erreichten. Immer auf der Suche nach Neuem, nach »mehr«. Rastlos. Unruhig. Ein Phänomen, das viele besonders begabte Kinder zeigen, vor allem, wenn sie aus Verhältnissen kommen, in denen eine höhere Schulbildung nicht vorgesehen und nicht selbstverständlich ist. Oft werden sie zu unbequemen Quertreibern und Querdenkern. Vieles geht ihnen nicht schnell genug. Bei Alfred Delp zeigte sich während seiner Gymnasialzeit ansatzweise bereits das, was seine Mitbrüder später als zwiespältige Persönlichkeit empfanden: Fröhlich, engagiert, sensibel und empathisch einerseits, konnte er andererseits durch seine schroffe, bisweilen unbeherrschte Art Menschen vor den Kopf stoßen. Auf manche machte er sogar einen überheblichen und verschlossenen Eindruck.

Auf seiner Suche nach dem ganz anderen Leben kam ihm die Jugendbewegung wie gerufen. Seit der Jahrhundertwende zogen die »Wandervögel« über die Lande – braun gebrannte, manchmal schmutzige Jungen mit Schlapphut, den Rucksack und einen rußigen Kochtopf auf dem Rücken und auf der Schulter eine Gitarre. Mit klobigen Stiefeln stolperten sie laut singend über das Pflaster und störten die biedermeierliche Idylle der ordentlichen Bürger. Das wilde Gebaren, die eigenartige

Sprache und auch die seltsame Kleidung – all das wirkte zutiefst revolutionär. Doch die Wanderkluft war nicht nur zweckmäßig und bequem, sie spiegelte vor allem die innere Einstellung der Jugendlichen wider. So wie die Kleidung frei von Beengungen sein sollte, so wollte man sich auch aller bürgerlichen Konventionen entledigen. Am stärksten drückte sich dieser Befreiungswille in der sogenannten »Fahrt« aus. Im altdeutschen Wortsinn bedeutete »fahren« so viel wie wandern, umherziehen. Den »Wandervögeln« ging es dabei weniger um das Bewältigen einer Wegstrecke, sie wollten sich vor allem eins fühlen mit der Natur. Dabei stießen die Jugendlichen oft an die Grenzen ihrer Kraft, denn Tagesmärsche von 40 Kilometern und mehr mit schwerem Rucksack waren keine Seltenheit. Völlig neu war die Selbstständigkeit, mit der die Jugendlichen diese Fahrten organisierten. Auch die mageren Mahlzeiten bereiteten sie im »Hordentopf« selbst zu.

Keimzelle der deutschen Jugendbewegung war der Ort Steglitz bei Berlin. Bereits 1896 hatte der Stenografielehrer Hermann Hoffmann einen losen Wanderkreis um sich geschart, den sein Schüler Karl Fischer übernahm. 1901 gründete er einen Verein, den er »Wandervogel« nannte. Mit ganzer Tatkraft setzte er sich für seine neue Aufgabe ein; leidenschaftlich warb er für die Idee des Wanderns. Deutschland hatte sich innerhalb weniger Jahrzehnte vom Agrarstaat zum Industriestaat gewandelt. Dabei war das Bürgertum zwar wohlhabend geworden, der Zugang zur Politik blieb ihm jedoch verwehrt. Ein unbefriedigender Zustand, der sich auch auf die Familie auswirkte. Die Väter konnten der suchenden Jugend außer reger Vereinstätigkeit sowie den üblichen gesellschaftlichen Verpflichtungen kaum lebenswerte Ziele bieten. Die bisher geltenden christlichen Wertmaßstäbe wurden zunehmend von Äußerlichkeiten verdrängt. Materielle Sicherheit, Rang und Titel spielten eine große Rolle. Die suchende Jugend fand darin allerdings keine nennenswerten Ideale. An den höheren Schulen herrschte ein strenger, fast militärischer Ton. Mechanischer Lehrbetrieb und die Überlastung mit Stoff nahmen den Schülern fast jeglichen Freiraum. Selbst der Religionsunterricht galt als Wissensfach und unterschied sich kaum von anderen Stunden. Doch die Jugendlichen sehnten sich nach echter, menschlicher Gemeinschaft und nach einem selbstbestimmten Leben, das nicht unter der ständigen Aufsicht von Schule und Elternhaus stand. Im »Wandervogel« sahen sie diesen Traum Wirklichkeit werden. Er zeigte ihnen den Weg zu einem jugendgemäßen Leben inmitten der wiederentdeckten Natur. Er war ein romantisches Abenteuer in einer zunehmend industrialisierten Welt. Auch der Erste Weltkrieg änderte nichts an diesem Streben nach Freiheit und Selbstbestimmung. Im Gegenteil. Zahlreiche Splittergruppen hatten sich herausgebildet. Sie alle verfolgten mehr oder minder dasselbe Ziel: eine andere, bessere Lebensform, die im krassen Widerspruch zur bestehenden Gesellschaftsordnung stand. 1913 erklärten zweitausend Jugendliche in der berühmt gewordenen Meißner-Formel: »Die freideutsche Jugend will ihr Leben nach eigener Bestimmung, vor eigener Verantwortung, in innerer Wahrhaftigkeit gestalten. Für diese innere Freiheit tritt sie unter allen Umständen geschlossen ein.«

Viele Impulse aus der Jugendbewegung hatten auch Auswirkungen auf die katholische Jugendarbeit. Kein Wunder, dass sich auch Alfred Delp davon anstecken ließ. Einer seiner Klassenkameraden, Albert Münch, gehörte zum »Quickborn«. Er wurde bereits 1913 gegründet und entwickelte sich – nicht zuletzt unter Romano Guardini – zum bedeutendsten katholischen Jugendbund seiner Zeit. Der Quickborn hatte nicht nur die äußeren Formen wie die Liebe zur Natur und das Wandern übernommen, sondern auch den Willen zur Selbstständigkeit. Von vielen wurde er deshalb auch gern als »katholischer Wandervogel« bezeichnet. Von den radikalen Forderungen auf dem Hohen Meißner distanzierten sich die Mitglieder jedoch: »Wir wollen freie Menschen werden. Doch wir verstehen Freiheit nicht als Zügellosigkeit, als Kampf gegen alle Überlieferung, Sitte und Autorität. Wir anerkennen feste Ordnung … als Hilfsmittel und Stützen der inneren sittlichen Freiheit, die wir uns erkämpfen wollen. Religion ist uns unentbehrliche Quelle unserer Kraft. Christus steht als erster Name auf unserer Fahne, der wir Treue schwören …«[12]

Am Bischöflichen Konvikt in Dieburg hatte sich bereits ein Teil der Schüler dem noch relativ jungen Bund »Neudeutschland« angeschlossen. Auch Alfred Delp wurde hier Mitglied. In beiden Verbänden waren fast ausschließlich Schüler. Der grundlegende Unterschied zum Quickborn bestand jedoch darin, dass Neudeutschland »von oben« und nicht von der Jugend selbst gegründet wurde. 1919 rief der Erzbischof von Köln, Kardinal Felix von Hartmann, »Neudeutschland, Verband katholischer Schüler höherer Lehranstalten« ins Leben. Der eigentliche Initiator aber war von Anfang an Pater Ludwig Esch gewesen. Zum Führer einer Neudeutschland-Ortsgruppe bestimmten sie den Religionslehrer der betreffenden Schule. Ziel der Arbeit sollte die »religiös-sittliche Erneuerung des Volkes« sein.[13] In diesem Sinn war auch der Name »Neudeutschland« zu verstehen. Stark jesuitisch geprägt, hatte der Bund anfangs seine Probleme, jugendbewegte Erneuerung zuzulassen. Die Väter des Bundes hatten sich ursprünglich mehr eine Art Jugendseelsorge vorgestellt, möglichst abgeschottet von den nicht ganz ungefährlichen Forderungen der Jugendbewegung. Das Schwärmerische, der Sinn für Romantik und Abenteuer, der starke Freiheitsdrang, der Wunsch nach mehr Selbstbestimmung und die Kritik an der Gesellschaft – all das war den kirchlichen Autoritäten zutiefst suspekt. Die Neudeutschen sollten zu einem »Katholizismus ohne Furcht und Wanken«[14] erzogen werden. Wie das vor sich gehen sollte, darüber hatten die Verantwortlichen allerdings nur sehr vage Vorstellungen. Die Gründung war in einer solchen Eile vor sich gegangen, dass ein fest umrissenes Programm nicht vorlag. Die Konfrontation mit der Jugendbewegung ließ sich jedoch nicht ganz vermeiden. Auf Fahrten und in Herbergen trafen Neudeutsche zwangsläufig mit Freideutschen und Wandervögeln zusammen. Ihre Begeisterung für ein Leben in Freiheit und Einfachheit schwappte auch auf die katholischen Jugendlichen über. Nicht ohne Neid blickten sie auf die »Anderen«, die sich nicht mehr von den Erwachsenen gängeln ließen.

Als Alfred Delp dem Bund Neudeutschland beitrat, hatte sich auch hier die jugendbewegte Richtung durchgesetzt, allerdings in weitaus gemäßigterer Form als bei den Freideutschen, den Wandervögeln oder auch im Quickborn. Wie er diese Zeit empfand, dazu äußerte er sich später in einer seiner Predigten: »Denken Sie nur daran, was wir erlebt haben in unserem Kulturraum, etwa nach dem letzten Kriege, als die Jugendbewegung ausbrach. Das war ein Ausbruch aus der Welt, die den Menschen schal geworden, die ihnen nicht mehr schmeckte, die sie zunächst einmal ganz wegwarfen, um irgendwo, an frisch sprudelnden Quellen neues Dasein, neuen Sinn, neues Lebensgefühl zu schöpfen.«[15]

Die Elemente der Jugendbewegung und des Katholizismus verschmolzen zu einer Einheit. Typisch jugendbewegt waren das Gemeinschaftserlebnis, die Liebe zur Natur, das Wandern, die Verbundenheit mit Heimat und Volk, die freie Wahl der Jungenführer und die Feste mit Lagerfeuer, Spielen und Liedern aus dem eigenen Gesangbuch »Jungvolker«. Neben Volksweisen und einigen Liedern aus der Jugendbewegung fanden sich darin viele religiöse Lieder; sie wurden von Auflage zu Auflage mehr. Schon darin zeigte sich, was 1923 auf Schloss Hirschberg im Altmühltal zum Manifest der Neudeutschen werden sollte: die Aufforderung zum »innerlich echten Katholischsein«[16]. Im Mittelpunkt des Lebens sollte Christus stehen: Christus als Vorbild, Christus als Haupt der Kirche.

Diskussionen gab es allerdings immer wieder um die Frage nach der Autorität. Als im Bundesblatt der Neudeutschen der Satz auftauchte: »Was die Bischöfe von uns wünschen, ist uns Gebot und Gesetz. Dafür sind wir katholische Jugendbewegung«[17], hagelte es heftige Kritik: »Die Jugendbewegung schaut heute die Autorität – um diese geht es hier – wieder wesenhaft. Sie sieht deshalb auch ihre Grenzen. Und es leben heute in der katholischen Jugendbewegung Menschen, die aus innerer Wahrhaftigkeit heraus und weil es gegen das Wesen der Autorität und gegen die Gesetzlichkeit des Eigengewissens verstößt … die Auffassung nicht teilen, dass uns der Wunsch der Bischöfe Gebot und Gesetz sein müsse. … Wir wehren uns gegen eine solche integralistische Auswertung der kirchlichen Autorität. … Auch wir würden uns freuen, alle Wünsche der Bischöfe erfüllen zu können, aber Wünsche sind noch keine Gesetze. Gesetz ist uns der Wille Gottes, der auch in Abweichung stehen kann zu dem Wunsche eines Bischofs. Jede andere Auffassung ist Götzendienst …«[18] Diese revolutionäre Auffassung war unter Katholiken allerdings die Ausnahme. Sie zeigt jedoch, wie kontrovers freideutsches Gedankengut auch in der katholischen Jugend diskutiert wurde.

Nach der Verabschiedung des Hirschberg-Programms spalteten sich die radikalen »Neudeutschländer« ab. Sie konnten sich mit ihren Forderungen nach mehr Freiheit und Selbstbestimmung nicht durchsetzen. Außerdem hatten sie für die Aufnahme von Mädchen in den Bund plädiert. Die bereits bestehenden neudeutschen Mädchengruppen wurden von der Bundesführung kurzerhand abgeschafft. Wenig später gründeten daraufhin die Mädchen den »Heliand-Bund«.

Unterschiedliche Ansichten prallten auch zwischen Quickbornern und Neudeutschen aufeinander. Zwischen dem Neudeutschen Alfred Delp und seinem Klassenkameraden Albert Münch, einem Quickborner, kam es häufig zu Auseinandersetzungen. »Aber«, so Münch, »wir trafen uns immer auf einem Fundament.«[19] Dieses Fundament hieß Jesus Christus. Denn auch im Quickborn war eine starke Christozentrik spürbar. Im Quickborn spielte jedoch die Abstinenz eine große Rolle, außerdem hatte man hier keine Probleme damit, Jungen und Mädchen gemeinsam in den Bund aufzunehmen. Beide Bünde betrachteten sich von Anfang an als Konkurrenzunternehmen. Mit der Gründung von Neudeutschland fürchtete der Quickborn um seine Existenz. Die geistigen Väter der beiden Unternehmungen, Pater Esch und Hermann Hoffmann, bemühten sich um ein friedliches Nebeneinander, wiesen jedoch beharrlich auf die jeweiligen Unterschiede hin. Neudeutschland sei betont rational, der Quickborn hingegen mehr emotional geprägt. Romano Guardini, der seit 1920 zu den Quickborn-Tagungen auf Burg Rothenfels kam, brachte die Unterschiede deutlicher auf den Punkt: »Die beiden Verbände bilden – trotz vieler Ausnahmen und Übergänge im einzelnen – den Ausdruck zweier verschiedener seelischer Typen … Auf der einen Seite ein seelischer Schlag, der mehr auf das Sachliche, die Leistung, auf der anderen einer, der mehr auf das Menschliche, Persönliche gerichtet ist; dort das Tun, hier das Sein; dort das Leisten, hier das Wachsen … Neudeutschland wird mehr ein Bund der Disziplin, Quickborn mehr eine Gemeinschaft des Lebens sein.«[20]

Rational, diszipliniert – insofern war Alfred Delp tatsächlich besser bei den Neudeutschen aufgehoben. Was er tat, tat er mit ganzem Einsatz, auch als ihm die Führung einer Neudeutschland-Gruppe anvertraut wurde, deren Feuer schon ziemlich erloschen war. Delp bezweifelte, ob er der Richtige dafür sei; er hielt sich für zu schüchtern und unerfahren. Aber er wusste auch, dass diese Gruppe sich auflösen würde, wenn er nicht einen letzten Versuch wagte. Selbstkritisch, wie er war, hielt er seine Bemühungen fest. Erst 1969 fand man auf dem Speicher seines ehemaligen Wohnhauses in Lampertheim ein blaues Schulheft, das uns Einblick in diese Zeit verschafft. Delp berichtet darin von einer kleinen Bibliothek, die er mit seinen Jungen aufbaute. Um den Waisenkindern in der Stadt eine kleine Freude machen zu können, ging er selbst auf die Straße, um Spenden zu sammeln. »Ob die anderen mitgehen? Er hat schon Alles aufgegeben.«[21] Mit »er« meinte Delp sich selbst. Was auf den ersten Blick nach Resignation klingt, weist im Grunde auf Delps mangelndes Selbstbewusstsein hin, das auch an anderer Stelle zur Sprache kommt: »Wieder sind mal 4 Wochen verschlafen. Der junge Führer verzweifelt. Eigentlich ist er gar kein Führer mehr. Er lässt die Dinge laufen … Er hat so allerhand Pläne, traut sich aber nicht mit ihnen heraus. Sie würden ihn ja doch nur verlachen. Er merkts, er ist morsch; er ist reif zum Gehen …«[22]

Andererseits gelang es Delp jedoch, einen Mitschüler dahin zu bringen, eine weitere Neudeutschland-Gruppe ins Leben zu rufen. Sonntagmorgens um vier Uhr stand Delp mit einigen anderen NDlern vor seiner Tür. Gemeinsam marschierten sie 28 Kilometer bis nach Offenbach, wo ein Treffen mit zwei weiteren Gruppen des Bundes stattfand. Während der ganzen Strecke versuchte Delp seinen Kameraden davon zu überzeugen, wie sinnvoll die Gründung einer weiteren Gruppe sei. Mit Erfolg. Das Gemeinschaftserlebnis, die Geländespiele, der eindrucksvolle Gottesdienst im Freien hatten ihre Wirkung nicht verfehlt. Delps Mitschüler war für Neudeutschland gewonnen und gründete eine weitere Gruppe.

»... von Anfang an in einer Gegnerschaft zu der Masse ...« – Helmuth James Graf von Moltke

Prägendes Erbe

Das Schloss, in dem Helmuth James von Moltke am 11. März 1907 zur Welt kam, liegt in Krzyzowa. Damals hieß der Ort Kreisau – ein idyllisches, aber etwas verschlafenes Nest, in dem die Geschichte in Gestalt zweier Menschen Halt machte, um ihm Bedeutung zu verleihen. Das erste Mal geschah dies 1867, als der preußische Feldmarschall Helmuth Karl Bernhard von Moltke, der Urgroßonkel Helmuth James', das ehemalige Rittergut erwarb. Er hätte es sich nicht leisten können, wäre da nicht ein Jahr zuvor die Schlacht bei Königgrätz gewesen. Für diesen seinen legendären Sieg über die Österreicher war der Feldmarschall mit einer üppigen Dotation belohnt worden. Er investierte sie in den Kauf des Schlosses.

Moltke stammte aus einem alten mecklenburgischen Geschlecht, gehörte jedoch einem verarmten Zweig dieser Familie an. Er und seine Geschwister verlebten eine ziemlich traurige Kindheit. »Ich war in meiner Jugend einundzwanzig Jahre hungrig«[23], soll er einmal gesagt haben. Moltke verlor sein Zuhause, als sich seine Eltern trennten, und kam als Stipendiat in eine Kadettenschule in Dänemark. Als Leutnant trat er in die preußische Armee über und wurde schon bald in den Generalstab berufen. Er war kein Mann großer Worte, sondern der Tat. Fasziniert von den Errungenschaften der Technik, hatte er die revolutionäre Idee, Eisenbahn und Telegraf für militärische Zwecke zu nutzen. »Getrennt marschieren, vereint schlagen«, lautete seine Devise. Sie ermöglichte nicht nur den Sieg von 1866, sondern auch den von 1870/71. Denn nur wenige

Jahre nachdem Moltke Schlossbesitzer in Kreisau geworden war, zog er erneut in den Kampf. Der Taktiker und Stratege hatte seine eigene Auffassung vom Krieg. So schrieb er einmal: »Der ewige Friede ist ein Traum, und nicht einmal ein schöner, und der Krieg ein Glied in Gottes Weltordnung. In ihm entfalten sich die edelsten Tugenden des Menschen, Mut und Entsagung, Pflichttreue und Opferwilligkeit mit Einsetzung des Lebens. Ohne den Krieg würde die Welt im Materialismus versumpfen.«[24]

Allerdings wägte Moltke gründlich ab, bevor er sich für den Krieg entschied. Nur so ist sein wie ein Widerspruch klingender Satz zu verstehen: »Wir bekennen uns offen zu der vielfach verspotteten Idee eines allgemeinen europäischen Friedens.«[25]

1870/71 besiegte Deutschland Frankreich. Die Tür zum deutschen Kaiserreich stand weit offen. Als gefeierter Nationalheld und Generalfeldmarschall kehrte Moltke – mit dem Grafentitel versehen – nach Kreisau zurück. Hier schöpfte er neue Kraft, hier, fünfzig Kilometer von Breslau entfernt, schuf er sich eine Oase. Besonders stolz war er auf seinen stattlichen Park. Der Feldmarschall hatte eine Schwäche für Bäume, die er zusätzlich zu dem schon vorhandenen, beeindruckenden Baumbestand anpflanzen ließ. Zum Gut gehörten auch 400 Morgen Weideland und 1200 Morgen Ackerland. Spät hatte er geheiratet. Seine Frau war sechsundzwanzig Jahre jünger als er. Doch die Ehe blieb kinderlos. Als der Feldmarschall 1891 starb, ging sein hart erkämpftes Gut auf die Nachkommen seines ältesten Bruders über.

Der Geist des alten Moltke wehte noch über Kreisau, als sein Urgroßneffe Helmuth James dort aufwuchs. Auf dem »Kapellenberg«, nahe beim Schloss, hatte der Feldmarschall ein Mausoleum errichten lassen. Dort, neben seiner Frau, war auch er begraben worden. Als Inschrift für das Grabmal hatte er den Bibelvers aus Römer 13,10 gewählt: »Die Liebe ist des Gesetzes Erfüllung.«

Schloss Kreisau wurde als deutscher Wallfahrtsort verehrt, auch später noch unter den Nationalsozialisten. Das Zimmer des Feldmarschalls war nach seinem Tod nicht verändert worden. Es sah aus, als sei er nur gerade eben fortgegangen. Alles war noch an seinem Platz: seine Filzpantoffeln, der schwarze Maltesermantel, der Federbuschhelm und der gläserne Kopf, auf den der wackere Krieger vor dem Schlafengehen seine Perücke abzulegen pflegte. Die Pilger betrachteten ehrfürchtig die Reliquien und staunten, dass der persönliche Wohnbereich des großen Generalfeldmarschalls sich reichlich bescheiden ausnahm.[26] Schloss Kreisau war sein Vermächtnis, und sein Urgroßneffe würde es eines Tages als Ehrensache betrachten, es vor dem Bankrott zu bewahren. Die Taufe des jungen Helmuth James fand im Zimmer des Feldmarschalls statt. Sein Taufspruch war ebenfalls Römer 8 entnommen und lautete: »Denn ich bin gewiss, dass weder Tod noch Leben, weder Fürstentümer noch Gewalten, weder Gegenwärtiges noch Zukünftiges, noch keine andere Kreatur mag uns scheiden von der Liebe Gottes, die in Christo Jesu ist« (Röm 8, 38–39). Niemand konnte damals ahnen, wie sehr sich dieser Bibelvers einmal im Leben des Täuflings bewahrheiten würde.

Die Erinnerung an den berühmten Urahn war allgegenwärtig; dessen militärische Leidenschaft teilte die Familie jedoch nicht. Die neuen Moltkes waren demokratisch gesinnt. Keiner von ihnen vertrat jedoch seine Auffassung so radikal wie dies Helmuth James später tun würde.

Wenn man sich fragt, welche Einflüsse Helmuth James wohl am meisten geprägt haben mögen, so ist hier zweifellos sein mütterliches Erbe zu nennen. Moltkes Mutter, Dorothy Rose Innes, war schottischer Abstammung, ihre Vorfahren hatten sich im 19. Jahrhundert in Südafrika niedergelassen. Sie war die Tochter eines hohen südafrikanischen Justizbeamten, Sir James Rose Innes. Noch heute gilt er im Land als einer der berühmtesten Juristen, der großen Einfluss auf das Rechtswesen des Landes hatte. Liberal und unbestechlich, galt er als entschiedener Gegner der Apartheidpolitik. Seine Frau Jessie kämpfte für die Gleichberechtigung der Frauen. Das Beispiel seines Großvaters war ausschlaggebend dafür, dass Helmuth James sich für das Jurastudium entschied, dass er einen ausgeprägten Sinn für Gerechtigkeit entwickelte und den Mut fand, gegen den Strom zu schwimmen.

Zu seiner Mutter hatte Helmut James, der Erstgeborene von insgesamt fünf Kindern, ein sehr inniges Verhältnis. Dorothy Rose Innes war eine bemerkenswerte Frau. 1905 hatte sie Helmuths Vater geheiratet und innerhalb kürzester Zeit die Herzen der Kreisauer gewonnen. Ihre Eltern waren mit der Hochzeit nicht einverstanden gewesen. Dorothy war das einzige Kind, das nunmehr durch eine vierwöchige Seereise von ihnen getrennt war. Dorothy und ihre Eltern schrieben sich wöchentlich. Vielleicht hatte sich die junge Frau das Leben in Kreisau angenehmer vorgestellt. Sie tauchte in eine völlig andere Welt ein, deren Sprache sie nicht einmal beherrschte. Zu Hause, bei ihren Eltern, hatten sie nur zu dritt gelebt. In Kreisau saßen selten weniger als vierzehn Personen am Tisch. Nie war sie mit ihrem Mann allein. Helmuth James erinnerte sich, dass seine Mutter ihm einmal erzählte, sie habe »in jener ersten Zeit viel geweint«.[27] Ihr Mann konnte dies offenbar nicht recht verstehen. In Helmuth James' Erinnerung kommt der Vater nicht allzu gut weg. Er sei ein schwieriger Ehemann gewesen, egoistisch und launisch. Er konnte durchaus freundlich sein, aber von einer Sekunde auf die andere wurde er plötzlich missmutig. Helmuth James führte dies darauf zurück, dass sein Vater als Kind zu wenig Liebe und Wärme bekommen habe. Er wurde unterdrückt und »verzogen«.[28] Freya von Moltke blieb zeitlebens seine Stimme in Erinnerung: »Er sang herzbeschwingend schön«.[29] Dorothy bezeichnete ihren Mann als »Sonderling«, doch sie beklagte sich nie, auch nicht in ihren Briefen an ihre Eltern. Im Gegenteil: Sie bemühte sich, die Unzulänglichkeiten ihres Mannes zu verdecken. Ihre Selbstaufgabe ging sogar so weit, dass sie, die Anglikanerin, seine Religion annahm. Er hatte sich der »Christlichen Wissenschaft« angeschlossen, weil er davon überzeugt war, dass er es dieser Lehre verdankte, in jungen Jahren von seinem chronischen Herzleiden geheilt worden zu sein.

Die Christliche Wissenschaft oder Christian Science war zu Beginn des vergangenen Jahrhunderts in Deutschland viel bekannter als heute. Das lag vor allem daran, dass die Begründerin dieser Religionsgemeinschaft, die Amerikanerin Mary Baker Eddy, erst 1910 starb. 1881 hatte sie sich zur Pastorin ihrer Kirche ordinieren lassen, und 1895 konnte die Gemeinde ihr erstes Kirchengebäude in Boston einweihen, das bereits 1906 erweitert werden musste. Für die Eltern des jungen Moltke war die Prophetin also noch ungeheuer präsent und ihr Einfluss auf die junge Lehre sehr stark. 1875 hatte sie ihr Buch »Wissenschaft und Gesundheit mit Schlüssel zur Heiligen Schrift« veröffentlicht. Dieses Werk war nach Ansicht Eddys die notwendige Voraussetzung, um die Bibel zu verstehen. Das Ehepaar Moltke arbeitete kräftig an der Übersetzung des Lehrbuchs mit.

Mary Baker Eddy sah ihre Aufgabe darin, das ursprüngliche Christentum wiederzubeleben, einschließlich der Wunderheilungen, die in der materialistisch geprägten Moderne ihrer Meinung nach zu Unrecht verloren gegangen waren. Die wichtigste Botschaft der Bibel und zentrales Thema der Christian Science ist der Sieg des Geistes über den Körper. Diese »große Tatsache« sollte nach Eddys Ansicht durch das Heilen der Kranken bewiesen werden. Da der Schöpfungsbericht den Menschen als Ebenbild Gottes bezeichnet, folgerte Mary Baker Eddy, dass der Mensch genau wie Gott ein geistiges Wesen sei. Alles Gute ist demnach geistig; alles Materielle aber, also auch der menschliche Körper, ist unwirklich und zeitlich. Jesus spielt in der Christlichen Wissenschaft eher eine Nebenrolle. Im Zusammenhang mit ihm sind nur jene biblischen Texte von Bedeutung, in denen er Menschen von ihren Krankheiten heilt. Viel Wert wird dabei auf seinen Ausspruch gelegt: »Heilt die Kranken ... und dann sagt ihnen: Das Reich Gottes ist nahe« (Lk 10,9) und: »Denen aber, die glauben, werden diese Zeichen folgen: ... Kranken werden sie die Hände auflegen, und sie werden geheilt werden« (Mk 16,17). Um dem Heilungsauftrag Jesu nachzukommen, beschäftigt die Religionsgemeinschaft sogenannte Christian-Science-Praktiker – Gesundbeter sozusagen. Diese vollzeitliche Aufgabe übernahm später auch Helmuth James' Vater, allerdings nur so lange, bis er auf Betreiben zweier Mitbrüder, die Nazis waren, seines Amtes enthoben wurde.

In dieser etwas exzentrischen geistlichen Atmosphäre wurde Helmuth James von Moltke groß. Im Alter von vier Jahren identifizierte er sich noch stark mit der Religion seiner Eltern, wie aus einem Brief seiner Mutter hervorgeht. Sie erzählt, wie er mit einem anderen Jungen über Glaubensfragen stritt. Im Himmel, belehrte der kleine Moltke seinen Spielkameraden, mache der liebe Gott alle Menschen wieder gut. »Das ist die Wissenschaft!«, fügte er altklug hinzu, womit er natürlich die Christian Science meinte. Doch bald schon distanzierte sich Helmuth James von der Christlichen Wissenschaft. Er entschied sich einige Jahre später für die Konfirmation, auch und nicht zuletzt deswegen, weil die Moltkes traditionell der lutherischen Konfession verhaftet waren. Doch anders als sein zutiefst antikatholischer Vater, lebte Helmuth James ein Christsein ohne Scheuklappen, ohne Berührungsängste. Er war ökumenisch. Es ist bezeichnend, dass er letztendlich hingerichtet wurde, weil er Christ war und als Protestant Beziehungen zu Jesuiten pflegte, die Roland Freisler, sein Richter am Volksgerichtshof, hasste.

Glückliche Kindheit in Kreisau

Helmuth James von Moltke liebte die Kreisauer Idylle. An die Wärme, den Schutz und die Geborgenheit, die ihm sein Elternhaus vermittelt hatte, erinnerte er sich dankbar bis zu seinem frühen Tod. »Mami ist mein bester Freund«,[30] sagte der kleine Helmuth James einmal. Die Verbindung zu seiner Mutter blieb sehr eng, solange Dorothy lebte. Sie starb sehr unerwartet 1935 nach einem Besuch bei ihren Eltern. Sie wurde nur 51 Jahre alt. Ein Hirntumor war vermutlich schuld an ihrem frühen Tod.

Auf manchen Fotos, die Helmuth James im Kreis seiner Geschwister und seiner Eltern zeigen, blickt er ernst. Möglicherweise war es für ihn als Erstgeborenen nicht immer ganz leicht, die Mutter zu teilen, denn diese brachte im Abstand von zwei Jahren nach ihm noch vier weitere Kinder zur Welt. Mehrmals hatte ihr erster Sohn einen treuen Schutzengel. Einmal kippte der Leiterwagen, in dem er lag, in den Mühlbach, sodass Helmuth James fast ertrunken wäre. Ein andermal war er beim Spielen in eine Sandgrube geraten und beinahe verschüttet worden.

Helmuth James wuchs in Kreisau und in Berlin auf. Als Mitglied des preußischen Herrenhauses musste sein Vater an den Sitzungen teilnehmen. Auch seine Arbeit in der Christian-Science-Kirche führte ihn immer wieder nach Berlin. Helmuth James fand das Stadtleben ganz angenehm, nur fehlten ihm seine Schweine sehr, schrieb seine Mutter an ihre Eltern.[31] Kreisau blieb nun mal seine Heimat. Immer wieder kehrte Helmuth James gern dorthin zurück. Seine frühesten Erinnerungen verband er mit dem »Berghaus«. Es lag etwas abseits des Schlosses, gehörte ebenfalls zum Besitz der Moltkes und diente einer Tante als Wohnung. Helmuth James wohnte dort als Fünfjähriger, als seine Eltern nach Boston reisten. Sie wollten im Zentrum der Christian Science an der Übersetzung des Lehrbuchs arbeiten, das Mary Baker Eddy veröffentlicht hatte. Dorothy begleitete ihren Mann freiwillig. Allerdings hatte sie ein etwas schlechtes Gewissen ihren Kindern gegenüber, obwohl sie wusste, dass sie gut versorgt waren. Doch die Übersetzungsarbeit erschien ihr wichtig. Sie stellte sich vor, dass dieses Buch das Leben unzähliger Menschen verändern würde. Helmuth James und seine Geschwister wurden während dieser Zeit sehr verwöhnt. Und obwohl er das Weihnachtsfest 1912 ohne die Eltern feiern musste, hatte er es in besonders schöner Erinnerung. Auf dem Gut wurden insgesamt fünf Weihnachtsfeiern veranstaltet. Helmuth schickte seinen Eltern einen fertig geschmückten Weihnachtsbaum, der die weite Reise offenbar unbeschadet überstand. Nach der Rückkehr der Eltern fuhr die Familie gemeinsam nach Südafrika. Wann immer es möglich war, kamen die Großeltern auch nach Europa. Helmuth James nannte sie »Granny« und »Daddy«, und der Abschied von ihnen fiel ihm immer sehr schwer. Ob und wie sehr er seinen Vater vermisste, der häufig abwesend war, ist schwer zu sagen. Das Verhältnis zu ihm war offenbar etwas zwiespältig und nicht immer frei von Unstimmigkeiten. Helmuth fühlte sich manchmal ungerecht von ihm behandelt. Er erinnerte sich noch viele Jahre später, dass sein Vater ihn mit der Peitsche schlug, weil er angeblich gelogen hatte. Helmuth war sich jedoch keiner Schuld bewusst.

Seit Helmuth fünf Jahre alt war, stand in Kreisau eine Stunde Reiten auf dem Tagesprogramm. Allerdings war dies keine lästige Pflicht, sondern mehr ein Vergnügen. Sein Vater, selbst ein guter Reiter und halsbrecherischer Kutscher, schenkte Helmuth James ein Pony und einen kleinen Wagen. Bei schönem Wetter, vor allem aber, wenn Besuch da war (was häufig vorkam), gab es lange Ausritte und Kutschfahrten, zum Beispiel zum Kaisermanöver, das im September 1913 in Schlesien abgehalten wurde.

Ein Jahr später brach der Erste Weltkrieg aus, zu dem auch Helmuth James' Vater einberufen wurde. In Kreisau spürte man vom Lauf der großen Weltgeschichte vorerst nicht allzu viel, außer dass es auf dem Hof nur noch alte Pferde und wehrunfähige Männer gab. Die Frauen des Hofes versammelten sich zweimal in der Woche im Schloss, um sich gegenseitig zu trösten, Nachrichten auszutauschen, zu stricken und zu singen. Eine besondere Errungenschaft war die Einführung des elektrischen Lichts auf dem Hof. Die Anlage wurde durch die Mühle angetrieben, und so erstrahlte sogar der Weihnachtsbaum im Kriegswinter 1916 erstmals im Licht elektrischer Kerzen. Helmuth James fiel die Aufgabe zu, die Beleuchtung zu regeln, und er war stolz darauf. Seine Kreativität auf diesem Gebiet machte ihn vor allem bei den vielen Theateraufführungen unersetzlich, die zu den winterlichen Lieblingsbeschäftigungen der Familie zählten. Mitten im Krieg konnte Dorothy an ihre Eltern schreiben: »Wir sind alle wohlauf und blühen. Die Kinder sind rundlich, rosig und werden *so* groß – Ihr werdet sie kaum wiedererkennen, wenn Ihr sie seht …«[32] Das änderte sich allerdings gegen Ende des Krieges. 1918 gab es auch in Kreisau kaum noch etwas zu essen. Das Brot – so erinnerte sich Helmuth James – war mit Sägemehl und Zeitungspapier gestreckt.[33] Er war elf, als der Krieg endlich vorüber war. Deutschland war besiegt, an allen Ecken brach die Revolution aus. Der Kaiser floh nach Holland. Am 9. November wurde die Republik ausgerufen. Der Versailler Vertrag, den Deutschland notgedrungen unterschreiben musste, bedeutete das Ende der einstigen Großmacht und brach dem Land endgültig das

Genick. Deutschland erlitt territoriale Verluste, die Reparationen waren unerträglich. In der instabilen Republik verschafften sich nationalistische Kreise leicht Gehör und ebneten jenem Mann den Weg, der Deutschland in ein noch viel größeres Unglück stürzen sollte: Hitler.

Ein mäßiger Schüler

»Der Junge beginnt morgen seinen ersten Unterricht. Der Lehrer kommt jeden Mittwoch und Sonnabend von 11 bis 12 und sagt, das ist genug für ihn; also ist er nicht überarbeitet«, schrieb Helmuths Mutter am 7. April 1913 an ihre Eltern. Und einen Tag später: »Es war ganz rührend, Helmuth bei seiner ersten Unterrichtsstunde zu sehen. Er saß da mit gefalteten Händen und einer Art religiösem Ausdruck, entschlossen, sich kein Wort entgehen zu lassen, wie ein schüchterner Jüngling, der in seine ersten heiligen und wichtigen Übungen eingeweiht wird. Möge dieses Gefühl nicht allzubald verschwinden!«[34]

In der Tat konnte von Überarbeitung bei diesem Stundenplan keine Rede sein. Der Dorfschullehrer, Herr Hoffmann, sah hier wohl eher die Möglichkeit, sich ein Zubrot zu verdienen. Seinen Schützling beeindruckte besonders der stattliche Bart, den sich Hoffmann wohl aus Bewunderung für Wilhelm II. hatte wachsen lassen. Wenig später übernahm ein Fräulein Krome aus Berlin die pädagogische Weichenstellung. Helmuth kam zwar sehr gut mit ihr klar, allerdings verlief seine Ausbildung unter ihrem Zepter ziemlich einseitig. Das Schreiben, Lesen und Rechnen kamen eindeutig zu kurz. Dafür legte seine Lehrerin viel Wert auf das Auswendiglernen von Gedichten. Als Helmuth nach drei Jahren auf das Gymnasium Schweidnitz überwechselte, wehte ein anderer Wind. Oft sehnte er sich nach dem gemütlichen Unterricht daheim in vertrauter Umgebung. Zwar ging er nicht ungern zur Schule, zumal einer seiner Vettern in derselben Klasse saß, doch schon bald traten klaffende Wissenslücken offen zutage. Carl Dietrich, sein Vetter, hatte bei seinem Privatlehrer offenbar sehr viel mehr gelernt als Helmuth James. Und so wurde eine Nachhilfelehrerin, Tilla, engagiert, die nun richten sollte, was in den Jahren zuvor versäumt worden war. Jeden Tag kümmerte sie sich um seine Hausaufgaben. Für Helmuth war es eine Qual. Während seiner ganzen Schulzeit blieb er ein eher mäßiger Schüler, was nicht etwa an mangelnder Intelligenz lag. Vielmehr hatte er nach seiner eigenen Schilderung nie gelernt, sich auf eine Aufgabe zu konzentrieren. Die Versetzung in die Quinta war gefährdet. Dank Tilla wurde sie dennoch möglich. Erst in der Quarta machten seine schulischen Leistungen langsam Fortschritte, und er konnte auf ihre Nachhilfe verzichten. Anfänglich fuhr er morgens um 7.15 Uhr mit dem Zug in das benachbarte Schweidnitz und kam um 13.15 Uhr zurück. Da der Zug aber mit Einbruch des Winters früher losfuhr, hatte Helmuth James sich angewöhnt, mit der Kutsche zu fahren, was er bis Ostern 1921 beibehielt. Allerdings war auch das kein reines Vergnügen. Da im Krieg das Personal fehlte, musste er nämlich selbst an- und ausspannen; in strengen Wintern konnte die Fahrt von Schweidnitz nach Kreisau schon mal drei Stunden dauern, wenn er aufgrund von Schneeverwehungen Pferd und Wagen immer wieder freischaufeln musste. So kam er manchmal völlig erschöpft zu Hause an.

Nach dem Ende des Ersten Weltkriegs reisten seine Großeltern aus Südafrika nach Holland. Um sie zu besuchen, bekam Helmuth drei Monate Schulurlaub, worum ihn seine Klassenkameraden sehr beneideten. Die Rückkehr verzögerte sich jedoch, da sein Vater von einer baldigen Heimreise abriet. In Deutschland kam es aufgrund des Versailler Vertrages zu unruhigen, teilweise katastrophalen Zuständen. Helmuth besuchte in

Holland vorübergehend eine deutsche Privatschule, in der auch Diplomatenkinder unterrichtet wurden. Allerdings herrschte dort ein ziemlich rauer Ton. Der Unterricht beschränkte sich hauptsächlich aufs »Boxen und Ringen«.[35] Das Einzige, was Helmuth später noch in angenehmer Erinnerung blieb, waren »ein paar nette Jungen und die himmlischen Butterbrote«.[36]

Nachdem Helmuth James auf diese Weise sechs Monate die Schule verpasst hatte, konnte er sich nur schwer wieder an ein geregeltes Leben gewöhnen. Irgendwie gelang es ihm, seine bedrohliche Schulsituation vor den Eltern geheim zu halten. Die Versetzung in die Obertertia erfolgte schließlich nur auf Probe; seine Lehrer zeigten Verständnis, dass er aufgrund seiner langen Abwesenheit viel nachzuholen hatte. Eine gute Entscheidung, wie sich herausstellte, denn danach besserten sich Helmuths Leistungen merklich.

In den folgenden zwei Schuljahren schlug Helmuth James noch tiefere Wurzeln in seinem geliebten Kreisau als je zuvor. Zu tief, fanden seine Eltern. Ihr Sohn fand es schon schrecklich, mehrere Stunden von daheim fort sein zu müssen. Es wurde höchste Zeit, dass er einmal etwas anderes sah. Sie fürchteten, er werde sonst »zu sehr verbauern und verschlesiern«[37]. Außerdem war er ihnen für sein Alter zu erwachsen, weshalb sie beschlossen, ihn in ein Landerziehungsheim zu schicken. Die Wahl fiel auf das bayerische Schondorf am Ammersee. Damals gab es eine Reihe reformpädagogischer Schulkonzepte, über die infolge der Jugendbewegung nachgedacht wurde. Dazu gehörte auch die Institution der Landerziehungsheime. Der Begriff wurde vom Gründer der deutschen Landerziehungsheimbewegung, dem Reformpädagogen Hermann Lietz, geprägt. Seine Internate schossen gegen Ende des 19. Jahrhunderts wie Pilze aus dem Boden. Lietz, der selbst auf dem Land aufgewachsen war, war daran gelegen, den Schülern fernab aller schädlichen Einflüsse der Großstadt eine ganzheitliche Erziehung angedeihen zu lassen. Die Schule stand im Gegensatz zu der bis dahin üblichen Paukanstalt. Sie sollte nicht nur bloßes Wissen vermitteln, sondern »Kopf, Herz und Hand« beanspruchen. Die Arbeitspädagogik spielte daher eine zentrale Rolle.

Das Modell fand viele begeisterte Nachahmer. 1905 kaufte Julius Lohmann ein Anwesen am Rand des Fischerdörfchens Schondorf und begann schon bald mit dem ersten Unterricht. Hier wurde sehr viel Wert auf Eigenständigkeit gelegt. »Macht's selber«, pflegte Lohmann zu seinen Schülern zu sagen, was sich bis heute im Landheim als geflügeltes Wort erhalten hat. Nach und nach entstanden Werkstätten, und das Gebäude wurde kontinuierlich erweitert. 1919 übernahmen Ernst und Julie Reisinger die Leitung, nachdem Lohmann seinem Leben ein Ende gesetzt hatte. In der Ära Reisinger wurden die schulischen Anforderungen kräftig nach oben geschraubt. Das Ehepaar verfolgte klare Ziele, die sich einige Jahre später auch in ihrer Stiftungsurkunde niederschlugen. Demnach wollten sie »... deutscher Jugend aller Stände möglichst günstige Bedingungen für ihre Entwicklung schaffen. Das Hauptgewicht der Erziehung soll in der Bildung des Charakters liegen. Die Kinder sollen in naher Berührung mit der Natur einfach und arbeitsam, aber nicht freudlos aufwachsen, sich der Verpflichtung gegenüber der Gemeinschaft frühzeitig bewusst werden und für eine Lebensführung im Dienst überpersönlicher, religiöser, sittlicher und geistiger Werte gewonnen werden.

Sie sollen Ehrfurcht vor dem Großen empfinden, ihr deutsches Vaterland kennen und bewusst lieben lernen und nach Kräften dazu befähigt werden, Deutschlands Kultur und Geltung zu mehren ...«[38]

Das Landerziehungsheim am Ammersee hatte damals einen erstklassigen Ruf. Es galt als ausgesprochen modern. Anfang 1922 machten sich Vater und Sohn Moltke auf den weiten Weg nach Bayern, um das viel gepriesene Internat zu besichtigen. Dr. Reisinger weigerte sich nämlich, Schüler aufzunehmen, die er nicht persönlich kennengelernt hatte. Auf der Zugfahrt platzte Helmuth buchstäblich aus den Nähten seines alten Anzugs, sodass sein Vater ihm einen neuen besorgen musste. Sein rasanter Wuchs – als Erwachsener erreichte er eine Körperlänge von zwei Metern – brachte seine Eltern manchmal zur Verzweiflung; andere wiederum waren von seiner Größe beeindruckt. Helmuth machte sich einen Heidenspaß daraus, sich langsam aus der Schulbank in die Höhe zu winden und vor dem fragenden Lehrer aufzubauen, was auch seine Mitschüler immer köstlich amüsierte.

Schondorf gefiel Helmuth – jedenfalls das, was er in den wenigen Tagen zusammen mit seinem Vater dort erlebt hatte. Begeistert berichteten beide zu Hause, dass dort für jedes Haus ein Hausvater und eine Hausmutter zuständig seien, damit die Jungen eine Art Familienersatz hatten. Völlig neu und ungewöhnlich war die Selbstverwaltung. Auf diesen sogenannten »Ring« war (und ist) man in Schondorf besonders stolz. Er wurde bereits von dem Gründer Lohmann ins Leben gerufen, der großen Wert auf die Schülermitverantwortung legte. Täglich fand eine gemeinsame Konferenz statt. Bei wichtigen Entscheidungen hatte der »Ring« ein Abstimmungsrecht, und auch bei Schülerdelikten machten sie von ihrem Mitspracherecht Gebrauch. Ob und welche Strafen zur Anwendung kamen, lag also auch am »Ring«. Abschreiben, Trinken, Rauchen waren verpönt – ganz im Sinn des Erfinders Hermann Lietz. Helmuth würde sich außerdem entscheiden müssen, welcher Handwerksgruppe er sich anschließen wollte: Sollte er schreinern, was er in Kreisau auch öfter getan hatte, oder sollte er schmieden, töpfern oder doch lieber gärtnern?

Besonders verlockend aber war das Freizeitangebot. Auf dem Gelände gab es genügend Sportmöglichkeiten. Die Schule beschäftigte sogar einen eigenen Sportlehrer, was damals völlig neu war. Und im Sommer war man in fünf Minuten am See!

Am 1. Mai 1922 wurde Helmuth von seiner Mutter nach Schondorf begleitet. Sie hatte zuvor noch eine Menge Arbeit gehabt, denn außer der eigenen Kleidung mussten die Jungen auch Bettwäsche, Wolldecken und Handtücher mitbringen, und jedes Teil sollte mit dem Namen versehen sein. Etwas wehmütig hatten sie noch am 11. März Helmuths 15. Geburtstag gefeiert – für seine Mutter ein Anlass, auf die vergangenen Jahre zurückzublicken, die, wie sie schreibt, ganz »wolkenlos« waren, was ihren Sohn betraf. »Er ist so ein guter Kerl, all seine Anlagen sind richtig, ein im besten Sinne normaler Mensch, so fähig, fleißig, liebevoll und absolut zuverlässig ... Sein einziger Fehler ist im Moment, dass er für sein Alter zu erwachsen ist, aber Schondorf wird das hoffentlich ändern ...«[39]

Doch Schondorf änderte gar nichts, denn Helmuth James blieb nicht lange dort. Mit dem penetrant zur Schau getragenen Gemeinschaftsgeist – von ihm als »Landheimgeist« bezeichnet – konnte er nichts anfangen. Schlimmer noch: Er war ihm zuwider. »Ich habe von Anfang an in einer Gegnerschaft zu der Masse der Mitschüler gestanden«, schrieb er später an seine Söhne. In der Masse aufzugehen, seine Individualität zu opfern, zu tun, was alle tun, auch wenn es nicht seinem freien Willen und seiner persönlichen Überzeugung entsprach – so wollte er nicht leben. Es gab wenige, die so empfanden wie er. Mit diesen tat er sich zusammen, um wenigstens in der eigenen Klasse gegen den Strom zu schwimmen. Sein Mut beeindruckte die anderen. Abwechselnd wählten sie ihn und seinen Freund als Klassenvertretung in den Schülerrat, wo sie weiterhin gegen den überall eingeforderten Gemeinschaftsgeist aufbegehrten. Dort glaubte man zu wissen, wie man mit solchen Quertreibern umzugehen hatte, um sie gefügig und zu vollwertigen Gruppenmitgliedern zu machen: Moltke und sein Freund wurden von ihren Kameraden getrennt und mussten nun im Haus des Direktors wohnen. Als auch das keine Wirkung zeigte, tat man Moltke in »Verschiss«[40]. Vierzehn Tage lang durfte keiner mit ihm reden. Nachdem sich zehn Mitschüler auf seine Seite geschlagen hatten, schritt der Rest der Schülerschaft zur »Exekution«[41]. Moltke und seine Mitstreiter wurden derart verprügelt, dass Helmuth James' Trommelfell platzte und er daraufhin eine Mittelohrentzündung bekam. Dadurch erreichte er immerhin, dass er und seine Freunde in das Haus eines Lehrers verlegt wurden, mit dem sie sich gut verstanden. Hier konnten sie sich selbst versorgen und mussten nur noch im Unterricht mit den anderen zusammentreffen. Im Juni 1923 verließen alle zehn geschlossen den idyllischen Ort am Ammersee. Unter ihnen war auch Carl Deichmann, der Bruder Freyas. Der Aufenthalt im Landerziehungsheim Schondorf am Ammersee war also wider Erwarten nicht mehr als ein kurzes, aber bedeutsames Gastspiel gewesen, denn hier zeigte sich bereits im Ansatz, was später zur eigentlichen Mission in Moltkes Leben werden sollte: Widerstand.

Der Vater ließ Helmuth nun freie Hand bei der Wahl der Schule, denn schließlich sollte er ja irgendwo sein Abitur machen. Er entschied sich für ein Gymnasium in Potsdam. Während der letzten achtzehn Monate seiner Schulzeit wohnte er bei Verwandten. Häufig fuhr er nach Berlin, wo er sich mit zwei amerikanischen Journalisten anfreundete, für die er Übersetzungen anfertigte und bei Gesprächen Dolmetscherdienste übernahm. Sie arbeiteten für den »Christian Science Monitor«, eine renommierte englischsprachige Tageszeitung, die heute noch existiert. (Auch wenn die Zeitung von Mary Baker Eddy, der Gründerin der Christian-Science-Bewegung, herausgegeben wurde, so ist sie doch – im Unterschied zum »Christian Science Herold« – eine nichtreligiöse Tageszeitung. Mary Baker Eddy wollte mit dieser Publikation den fragwürdigen Methoden der Boulevardpresse eine Absage erteilen. Von vielen Politikern wird der »Monitor« wegen seiner Objektivität sehr geschätzt. Der frühere Bundeskanzler Helmut Schmidt zitierte das Blatt häufig. Der »Monitor« wurde mehrmals mit dem Pulitzer-Preis ausgezeichnet.)

Das Abitur bestand Helmuth James schließlich – so sah er es selbst – mit viel Glück.

II. Lebensweichen

»Diese Zeit sucht letztlich nach dem wahren Menschen« – Alfred Delp

Soldat oder doch lieber Priester? – Der Gottsucher und Jesuit

Ganz anders Alfred Delp. Trotz seines Engagements in der Jugendbewegung schloss er sein Abitur als Klassenbester ab. In keinem Fach hatte er eine schlechtere Note als »gut« erhalten. Pfarrer Unger war stolz auf ihn. Delp schien ihm der ideale Kandidat für das Collegium Germanicum in Rom zu sein. Eine steile Karriere stand ihm dort bevor. Wer an diesem Elitekolleg studierte, hatte gute Chancen auf den Kardinalshut. Unger ließ übereifrig seine Beziehungen spielen und erreichte schließlich, dass für seinen Schützling ein Studienplatz am Germanicum reserviert wurde. Delps Vater hätte es wohl lieber gesehen, wenn sein Sohn die Beamtenlaufbahn eingeschlagen hätte und in den sicheren Staatsdienst eingestiegen wäre.

Und Alfred Delp?

Er wäre kein Jugendbewegter gewesen, wenn er sich hätte fremdbestimmen lassen. Er schnürte sein Bündel und ging fort von daheim. Ein Freund begleitete ihn. Seine Eltern glaubten, dass er zu einer längeren Wanderung aufbrechen würde. Stattdessen erreichte sie eines Tages ein Brief ihres Sohnes, in dem er ihnen mitteilte, er sei in Vorarlberg in den Jesuitenorden eingetreten. Die deutschen Ausbildungsstätten befanden sich noch im Aufbau, denn während des Kulturkampfes unter Bismarck waren die Jesuiten des Landes verwiesen worden. Gegen Ende des Ersten Weltkriegs wurden die sogenannten Jesuitengesetze wieder aufgehoben, und der Orden konnte auch in Deutschland langsam wieder Fuß fassen.

Zugegeben, besonders mutig war es nicht von Delp, sich einfach so davonzuschleichen. Diesen Vorwurf musste er sich auch von seiner Mutter gefallen lassen, die erwartungsgemäß aus allen Wolken fiel, als ihr der Sohn seinen Entschluss mitteilte. Ihr kam zudem die undankbare Aufgabe zu, auch Pfarrer Unger von den Absichten ihres Sohnes in Kenntnis zu setzen. Der war nicht nur fassungslos, sondern ausgesprochen erbost. »Der blamiert mich«, soll er gesagt haben. »Jetzt habe ich der Seminarleitung und dem Bischof zugesetzt, bis sie den Freiplatz in Rom bewilligt haben … Bei den Jesuiten wird er irgendwo als Studienpräfekt versauern.«[42] Das war ungerecht, schließlich war es Ignatius von Loyola, der Gründer des Jesuitenordens, der das Germanicum mit aus der Taufe hob. Außerdem gehören die Jesuiten zu den Ordensleuten mit der umfassendsten Bildung. Für die Aufnahme in die »Societas Jesu« muss man wesentlich mehr Zeit investieren und ein Studium in Theologie und mindestens einem weiteren Fach abschließen. In einem Brief an seine Mutter versuchte sich Delp zu rechtfertigen: »Alle Verwandten und Bekannten hatten schon früher alles Mögliche aufgeboten, um mir das Unsinnige oder zum mindesten Unkluge meines Schrittes klar zu machen. Dann zu Hause Euer stummes und lautes Bitten usw. Es war für Alle so besser. … Ich kam mit dem frohen Bewusstsein hierher, Gottes Wille getan zu haben.«[43]

Eigentlich hätte seine katholische Mutter froh sein müssen, dass ihr Sohn sich für den Klerus entschied. Stattdessen vermutete sie, er sei von den Jesuiten beeinflusst worden, ihrer Gemeinschaft beizutreten, was Delp heftig bestritt. Die Jesuiten genossen damals nicht den besten Ruf. Es hieß, ihnen sei jedes Mittel recht, um Macht und Wohlstand des Ordens zu vermehren. Schon Bismarck fürchtete ihren Einfluss auf die deutsche Politik, und auch den Nationalsozialisten waren sie später verhasst.

Delp hat über die Beweggründe seiner Berufswahl nie ausführlich gesprochen. Seine Berufung bleibt im Dunkeln. War es die Aussicht auf den sozialen Aufstieg oder hing es damit zusammen, dass er von Jesuiten erzogen und geprägt wurde und manche seiner Lehrer zu Vorbildern für ihn wurden? Tatsache ist, dass auffallend viele, die dem Bund Neudeutschland angehörten, in den Jesuitenorden eintraten. In einer seiner späteren Predigten gibt es eine Stelle, in der er sich Gedanken über den Menschen macht: »Eines Tages spürt er, dass er unterwegs ist, dass er etwas sucht, das dem geheimsten Sehnen in ihm gewachsen wäre, das endlich einmal Bestand hätte vor Allerletztem, vor aller Frage, vor aller Heimatlosigkeit, wo man endlich einmal einfach da sein könnte und zufrieden sein könnte und wissen könnte, jetzt steht man vor dem Endgültigen.«[44] War Delp ein Suchender? Auf der Suche nach Sinn? Auf der Suche nach Gott? Und war diese seine Suche ausschlaggebend für seine Entscheidung, sich den Jesuiten anzuschließen, deren Maxime es ist, Gott »in allen Dingen« zu finden?

Eigentlich hatte Delp eine Zeitlang mit dem Gedanken gespielt, eine militärische Laufbahn einzuschlagen. Das geht aus einem Brief hervor, den er an Pater Augustin Rösch schrieb: »Gestern habe ich einer heimlichen Jugendliebe nachgegeben und mir wieder einmal Soldaten angesehen, bei der Parade auf den Festwiesen. Sie wissen ja, ich habe es Ihnen in Feldkirch einmal erzählt, ich wäre um mein Leben gern Soldat geworden.«[45]

Anlass für diese Überlegungen gab ihm sein Taufpate, Adam Thomas. Er war nur wenige Jahre älter als Delp und wurde Kadett. Delp bewunderte ihn, besann sich allerdings anders, als Thomas bereits 1914 fiel. Er wurde nur 17 Jahre alt. Bei Pater Rösch stieß er auf Verständnis für seine militärische Leidenschaft; schließlich war Rösch selbst im Ersten Weltkrieg Offizier.

Vielleicht hatte sich Delp das Noviziat etwas leichter

vorgestellt. Bei den Jesuiten dauert diese Etappe zwei Jahre. In dieser Zeit wird der Novize mit den Gelübden und den Regeln der Gesellschaft Jesu vertraut gemacht und kann sich prüfen, ob er bereit und in der Lage ist, auf Dauer dieses Leben zu führen. Die Ecken und Kanten, die die noch unerfahrenen Novizen mitbringen, sollen abgeschliffen werden. An Delp hatte der Novizenmeister einiges zu schleifen. Dass er temperamentvoll war und manchmal etwas zu laut lachte, mochte noch angehen. Immerhin wirkte seine Fröhlichkeit ansteckend. Außerdem war der Novizenmeister beeindruckt von Delps Intelligenz. Dass dieser jedoch in Glaubensfragen eher eine protestantische Auffassung vertrat, ging ihm allerdings entschieden zu weit. Er empfahl dem angehenden Jesuiten, sich noch einmal ausgiebig mit dem katholischen Katechismus auseinanderzusetzen.

Delps anderer Fehler war mehr äußerlicher Natur, dem Novizenmeister aber nicht minder ein Dorn im Auge. Er bemängelte seine miserable Handschrift und veranlasste einen anderen Novizen, Delp auf diesem Gebiet Nachhilfe zu erteilen. Der Erfolg hielt sich jedoch offenbar in Grenzen. Auch für die jugendbewegten Ansichten Delps hatte der Novizenmeister wenig Verständnis. Großen Nutzen zogen die Novizen aus den Unterrichtsstunden Karl Rahners. Er war beliebt, verlangte allerdings sehr viel. Delp machte sich manchmal ein Vergnügen daraus, den Dozenten mit Fragen und Einwürfen zu quälen. Er verwickelte ihn gern in schier endlose Diskussionen, die Rahner manchmal aus dem Konzept brachten. Am Ende des Noviziats legte Delp die drei Gelübde der Armut, der Ehelosigkeit und des Gehorsams ab. Nun war er Mitglied des Jesuitenordens.

Doktor der Philosophie und Erzieher

Bald danach zog Frater Delp in das Jesuitenkolleg Pullach bei München um. Von 1928 bis 1931 sollte er sich dort den philosophischen Studien widmen. Da die Studenten aus aller Herren Länder kamen, wurde im Unterricht lateinisch gesprochen. Bei 130 Jesuiten war Delp nur einer von vielen. Trotz seiner Fröhlichkeit schloss er nicht leicht Freundschaften. Zu kritisch, zu abwägend begegnete er anderen. Der streng geregelte Stundenplan ließ allerdings auch kaum Zeit für Privates. Um 21 Uhr begann im Haus bereits die Nachtruhe. Delp dachte viel über die politische Situation in Deutschland nach. Vor den legendären Wahlen am 14. September 1930 beschwor er seinen Bruder in beinahe prophetischen Worten: »Am 14. September tu Deine Wahlpflicht gut. Wenn die christlichen Parteien in diesen Jahren nicht wachsen, kannst Du Deinen Bruder in ein paar Jahren in der Verbannung besuchen. Wenn bestimmte Richtungen die Mehrheit bekommen, sind wir *(Anm.: die Jesuiten)* die ersten, die ans Messer kommen. – Wenn Du kannst, hilf bei der Wahlpropaganda für Brüning und das Zentrum.«[46]

Reichskanzler Brüning hatte versucht, die große »Partei« der Nichtwähler und Erstwähler zu aktivieren. Seine Bemühungen blieben nicht ohne Erfolg. Tatsächlich schritten am 14. September 1930 fünf Millionen bisherige Nichtwähler zu den Urnen, um den neuen Reichstag zu wählen. Der Tag endete in einer Katastrophe. Die Nationalsozialisten steigerten ihre Sitze von 12 auf 107 und wurden damit nach der SPD die zweitstärkste Fraktion. Die Zentrumspartei landete mit 68 Sitzen im Mittelfeld. Die Weltwirtschaftskrise, die seit dem Sommer zu spüren war, verschärfte sich nach den Wahlen merklich. Die deutschen Werte an den Börsen sanken drastisch; ausländische Kredite wurden zurückgezogen.

Nachdenklich, unnahbar und manchmal sehr ernst wirkte Delp während seiner Pullacher Zeit. Allerdings waren daran nicht nur die politischen Verhältnisse schuld, sondern ein Buch, das 1927 unter dem Titel »Sein und Zeit« erschienen war. Der Autor war der junge Freiburger Philosoph Martin Heidegger. Heideggers Sprache und seine Anschauungen faszinierten Delp. Heideggers Werk ist bestimmt von der Frage nach dem Sinn von »Sein«. Was meinen wir, wenn wir sagen, etwas »ist«? Wie lässt sich erklären, wodurch etwas ist oder nicht ist? Heideggers Überlegungen laufen darauf hinaus, dass der Mensch ins Dasein »geworfen« ist, dass er angesichts des Todes von der Angst beherrscht wird, im absoluten Nichts zu versinken, und sich daher trotzig und entschlossen dem Leben stellt – bis zum Untergang. Der Sinn seiner Existenz liegt demnach allein darin, das Leben mit all seinen Höhen und Tiefen zu bewältigen.

Kein Wunder, dass Heideggers Buch damals vor allem von jungen Menschen verschlungen wurde. Er lieferte ihnen die Antwort auf ihre drängenden Fragen: Welchen Sinn hat mein Leben angesichts der chaotischen Verhältnisse? Welche Zukunft habe ich angesichts der instabilen politischen Lage und der verheerenden wirtschaftlichen Situation? Heideggers Werk wurde von vielen Seiten heftig kritisiert. Auch Alfred Delp setzte sich – übrigens als erster Katholik – mit Heidegger auseinander. Allerdings beging er den Fehler, Heideggers »Sein und Zeit« weltanschaulich deuten zu wollen, anstatt ihm auf der rein philosophischen Ebene zu begegnen. In seiner »Tragischen Existenz« kommt Delp daher zu dem Schluss, dass der Mensch Gott und daher auch seine eigene Mitte verloren habe. Haltlos tappe er umher, bindungsunfähig und immer auf der Suche nach seiner Identität: »Diese Zeit sucht letztlich nach dem wahren Menschen. Sie wird ihn nicht eher finden, als sie bereit ist, den Menschen zu verlassen und über ihn hinauszugehen, um dort zu suchen und zu finden. Und das ist ihre Tragik, dass sie den Menschen nicht findet, weil sie Gott nicht sucht, und dass sie Gott nicht sucht, weil sie keine Menschen hat.«[47] Am Ende seiner philosophischen Studien empfing Delp die sogenannten niederen Weihen und durfte nun als stellvertretender Subdiakon im Hochamt mitwirken.

Auf die philosophischen Studien folgte nun die praktische Arbeit. Delp kehrte nach Vorarlberg zurück, diesmal in das Jesuitenkolleg »Stella Matutina« in Feldkirch. Auch in dieser Zeit zeigte sich Delp als eckiger, sperriger Mitarbeiter, der nicht einfach tat, was man von ihm erwartete, sondern auf Veränderungen sann. Die »Stella« war ein Internat für deutsche, österreichische und Schweizer Jugendliche. Sie waren in »Abteilungen« gegliedert, die jeweils aus 50 bis 80 Schülern bestanden. Für jede dieser Abteilungen waren zwei Fratres als Erzieher zuständig, die im Kolleg Präfekten hießen. Delp wurde der 5. Abteilung zugeordnet, die sich aus der Gruppe der 17- bis 19-Jährigen zusammensetzte. Hier sollte er zunächst als Zweiter, dann als Erster Präfekt für Zucht und Ordnung sorgen. So jedenfalls sah es das »Präfektenbuch« aus dem Jahr 1916 vor: »Wir sollen die Zöglinge die Zügelung und Beherrschung ihrer Triebe gründlich lehren, sie nach Tunlichkeit darin klar unterweisen und vor allem tüchtig darin üben. Das unablässige, aber auch kluge Anhalten zur Übung ist der Anteil, die die Präfekten an der Erziehung der Zöglinge haben.«[48]

Die Jugendlichen, die mitten in der Jugendbewegung groß geworden waren, hielten von solch überholten Vorstellungen herzlich wenig. Ihr neuer Erzieher, Alfred Delp, verstand sie wie kein anderer. Er wusste: »Für einen Schüler der Oberklasse des Gymnasiums ist oft nichts einengender und lähmender als zu enge, kleinliche Haltung.«[49] Er setzte daher alles daran, die »Stella« »in Bewegung zu bringen«[50]. Konkret sah das so aus: Statt gesitteter Spaziergänge gab es nun Geländespiele;

in der Freizeit stand Sport auf dem Programm; es wurde viel gesungen – vorzugsweise Lieder aus der Jugendbewegung, und schließlich regte Delp seine Schüler dazu an, über philosophische Fragen nachzudenken und diese zu erörtern. Delp machte sich mit solchen Neuerungen nicht unbedingt beliebt bei seinen Vorgesetzten. Was sie von seinen Erziehungsmethoden hielten, lässt sich unschwer aus einem Kongregationsbericht ablesen: »Neuere Fragen (Kongregation und Jugendbewegung, Fahrt, Kluft, Lied usw.) … liegen nicht im Blickfeld unserer Internatskongregation …«[51]

Die Haltung der katholischen Kirche veränderte sich im Laufe der nationalsozialistischen Ära. Bis 1933 lehnte sie den Nationalsozialismus völlig ab. Mitgliedern der NSDAP wurden die Sakramente verweigert, und sie wurden auch nicht kirchlich beerdigt. Nach Hitlers Machtergreifung kündigte sich ein Sinneswandel an. Die Kirche ermahnte ihre Schäflein zur Treue gegenüber der Obrigkeit und zur Erfüllung ihrer staatsbürgerlichen Pflichten. So mancher ratlose Katholik stimmte dem Nationalsozialismus nun zu. Kaum war er an der Macht, schloss Hitler in einem diplomatischen Schachzug das Reichskonkordat ab und verwies kirchliche Bedenkenträger erst einmal in ihre Schranken. Schließlich garantierte das Konkordat der katholischen Kirche die freie Religionsausübung und den Religionsunterricht an Schulen; es stellte die Geistlichen, die Orden und die katholischen Organisationen unter den Schutz des Staates. Gleichzeitig verpflichtete es die Kirche jedoch, sich nur auf kultureller, religiöser und karitativer Ebene zu betätigen. Im Klartext hieß das, sie möge sich aus der Politik tunlichst heraushalten.

Hitler hielt sich allerdings nicht lange an das Konkordat. Und so fielen auch die Katholiken schneller als gedacht der Gleichschaltungspolitik der Nationalsozialisten zum Opfer. Die SA griff in Straßenkämpfen Mitglieder katholischer Verbände an, und katholische Schulen und Orden konnten nur mit Mühe ihre Eigenständigkeit erhalten. Kirchliche Beschwerdeschreiben wurden ignoriert. Eine Zeitlang versuchte der Heilige Stuhl, die Konflikte mit den braunen Machthabern möglichst unauffällig zu lösen. Erst 1937 protestierte Papst Pius XI. in seiner Enzyklika »Mit brennender Sorge« gegen die Übergriffe und bezeichnete Hitlers Politik als »Machenschaften, die von Anfang an kein anderes Ziel kannten als den Vernichtungskampf«. Die Kirche dürfe nicht schweigend zusehen und dadurch mitschuldig werden. Der Papst sprach sich für den Frieden zwischen Kirche und Staat aus, aber nicht um jeden Preis. In seiner Enzyklika fand der Papst deutliche Worte und leistete mutigen Widerstand.

Die politischen Veränderungen im Deutschen Reich gingen auch an der Stella Matutina nicht spurlos vorüber. Geschickt wusste man Christliches und Nationalsozialistisches zu vereinbaren. Zu besonderen Anlässen hörte man morgens begeistert im Volksempfänger den Reden eines Adolf Hitler oder Dr. Goebbels zu, sang aus voller Kehle das Horst-Wessel-Lied und die Nationalhymne und machte sich anschließend auf zu einer Wallfahrt…

Auch sonst veränderte sich einiges: Aus den harmlosen Geländespielen wurden Kriegsspiele. Die einzelnen Abteilungen marschierten zackig im Stechschritt zum Tor hinaus und rückten abends singend und marschierend wieder ein. Des Weiteren kamen die Schüler in den Genuss von Filmvorführungen, die das deutsche Heer glorifizierten; und aus Anlass des 350. Jahrestages der Türkenbefreiung fand eine große Feier statt, auf der den Jungen nationalsozialistisches Gedankengut eingetrichtert wurde, »dass wie damals auch heute alle deutschen Stämme sich vereinen sollten zur Abwehr des gemeinsamen Feindes«[52].

Delp fand seine eigenen Mittel, um dem braunen Ungeist Paroli zu bieten. Er hatte ein Theaterstück geschrieben, das 1933 wenige Tage vor Weihnachten aufgeführt wurde: »Der ewige Advent«. In drei Szenen stellte er Menschen in ausweglosen Situationen dar. Sie alle endeten mit dem Hinweis darauf, dass die Rettung, das Heil von außen – von Gott – kommen müsse. Erstmals nahm Delp hier auch Stellung zur sozialen Frage, wenn er den Schützen Schmitz sich beklagen lässt, dass seine Familie daheim nichts zu essen hat. »Sie sind krank, sie hungern, hungern ... Warum verhungern zu Hause unsere Mütter und Schwestern? Unsere Väter werden zerschossen und hier liegen wir und warten auf das gleiche. Warum ist die Welt so, dass alle so schwer an ihrer Pflicht tragen? Warum ist die Pflicht so?«[53]

Als Pater Augustin Rösch Rektor des Jesuitenkollegs wurde, kam es mehrfach zu Auseinandersetzungen mit Alfred Delp. Machtspielereien waren wohl der Hintergrund dafür. Rösch war offenbar mit Delps Führungsstil nicht einverstanden. Er sah, dass Delp großen Einfluss auf seine Zöglinge hatte und sehr beliebt war. Möglicherweise fürchtete Rösch, dass seine eigene Autorität dadurch in Frage gestellt werden könnte. Was er offenbar nicht wusste, war, dass Delp seine Aufgabe als Erzieher eher als Belastung empfand. Der Umgang mit den Jugendlichen fiel ihm nicht leicht. Auf seine Zöglinge wirkte er fremd und vertraut zugleich.

1934 musste das Deutsche Gymnasium der Stella Matutina seine Pforten in Feldkirch schließen. Sie wurde auf Verlangen des Führers heim ins Deutsche Reich geholt. Dort hoffte man, die Jesuiten besser unter Kontrolle zu haben. In einem verwahrlosten Kloster im Hochschwarzwald, in St. Blasien, fanden sie eine neue Bleibe. Doch kaum war das desolate Gebäude saniert und entrümpelt, sahen sich die Verantwortlichen vor schwierige Entscheidungen gestellt: Sollten sie am Kolleg – wie vom

Staat gewünscht – eine Hitlerjugend einführen oder nicht? Delp beantwortete diese Frage mit ja, obwohl er das Ganze im Grunde für eine Katastrophe hielt. Er hatte allerdings noch die Illusion, von innen her diese Bewegung in die richtigen Bahnen lenken zu können. Ein Trugschluss, wie sich zeigen sollte. Er bestückte die Schulbibliothek sogar mit Büchern, die auf der Hitliste der nationalsozialistischen Jugendliteratur ganz oben standen: »Die rote Revolver-Republik«, »Zwischen Weiß und Rot« usw. Nach drei Jahren Erziehertätigkeit war die Zeit reif für Neues.

Theologiestudent in Holland und Frankfurt

1934 standen theologische Studien auf dem Ausbildungsprogramm des Jesuiten Delp. Im holländischen Valkenburg, ganz in der Nähe von Aachen, besaß die Ordensgemeinschaft ein Kolleg, in dem Platz für viele Studenten war. Delp war der Abschied von seinen Buben schwerer gefallen, als er gedacht hatte. In Holland fehlten sie ihm plötzlich. Doch der straff organisierte Vorlesungsbetrieb erlaubte keine Sentimentalitäten. Delps beneidenswert rasche Auffassungsgabe machten sich seine Mitbrüder gern zunutze. Wenn sie etwas nicht begriffen hatten, konnte Delp es ihnen verständlich und anschaulich erklären. Ein kleiner Kreis von Fratres – hauptsächlich ehemalige Mitglieder des Bundes Neudeutschland – traf sich regelmäßig außerhalb der Vorlesungen, um über das zu reden, was ihnen am meisten unter den Nägeln brannte, von den Dozenten aber ignoriert wurde: Neben theologischen Problemen war dies besonders die sich zuspitzende politische Situation in Deutschland. Delp fiel dabei als »Hitzkopf«[54] auf. Er spürte, dass die Welt im Umbruch begriffen und die Theologie gefordert war, auf diese Veränderung zu reagieren. So schrieb er damals schon Predigten, die in den Augen vieler überraschend modern und ungewohnt klangen. Das Thema »Entscheidung« beschäftigte ihn besonders stark.

Er las wie besessen. Während der Semesterferien lieh er sich einmal 200 Bücher aus und fertigte unzählige Notizen an, um das Gelesene wieder zu verarbeiten. Er und einige seiner Mitbrüder – unter ihnen Karl Rahner – hatten die Idee zu einem Buch. »Der Aufbau« sollte es heißen. Und der Untertitel stand auch schon fest: »Die Existenzmächte des deutschen Menschen«. Delp schwebte eine sachliche »Bestandsaufnahme« der nationalsozialistischen Ideologie vor, ohne diese gleich verurteilen zu wollen. Immerhin konnte er anfangs noch positive Ansätze erkennen, die im völkischen Aufbruch lagen. Deswegen klingt sein Entwurf für das Buch an manchen Stellen für uns heute etwas befremdlich: »Tatsache der Rückbesinnung auf Eigenart und Eigenwert des völkischen Lebens. Die mannigfachen Versuche einer Existenzgründung auf völkischer Grundlage. Notwendigkeit der völkischen Grundlagen für Leben und Kultur der Nation ... Der konkrete Vollzug des bewussten Lebens aus dem deutschen Volk ... Gründung der Gemeinschaften auf Blut und Rasse ...«[55] Delp ging es allerdings darum, diese vermeintlich positiven Ansätze umzudeuten ins Christliche, um so letztlich den religiösen Anspruch des Nazismus im Kern zu bekämpfen. Er plante das Buch als »Auseinandersetzung zwischen Natur und Übernatur«[56]. Die Natur sei »der Staat ..., der seinen Anspruch vorantreibt bis zur Vergewaltigung der Übernatur«[57]. Die Übernatur aber sei »Christus in der Kirche, die nichts von ihrem Führungsanspruch auch in den Gebieten der Natur drangeben kann«[58]. Völkischer Mensch und kirchlicher Mensch waren seiner Meinung nach kein Gegensatz, wie er früher einmal deutlich gemacht hatte: »Wir wollen wieder die stolze und reine und ehrliche Nation, deren Schild ehrlich und sauber ist und deren

Fahne hell in der Sonne wehen kann und soll! ... Wer den deutschen Menschen liebt und das deutsche Volk liebt und die deutsche Familie liebt, wer die deutsche Nation ehrt und ihr dienen will, der muss in diesem Land und in diesem Volk laut und offen die Botschaft der Erlösung künden ... Kirchliche Menschen müssen aufstehen, die völkische Menschen sind, und völkische Menschen müssen aufwachen zu dem Bewusstsein, dass all das Gute, das sie wollen, nur dadurch wirklich werden kann, dass unsere Kraft sich ausweitet aus unserer Enge und Schwäche heraus zur Fülle der Kraft des Christusmenschen.«[59]

Gerade den ehemals Jugendbewegten war die Liebe zu Volk und Heimat, zum deutschen Vaterland in die Seele geschrieben. »Deutschtumsarbeit über die Grenzen hinaus«, lautete eine der Parolen des Wandervogels; und manche, die – wie auch im Bund Neudeutschland üblich – dem selbsternannten Führer treue Gefolgschaft schworen, taten sich nicht schwer, diese Treue auf den Führer Adolf Hitler zu übertragen. Delp wusste, wo die Grenzen völkischen Bewusstseins zu ziehen waren, nämlich dort, wo das Getto begann. Er begriff sehr schnell, dass sich die Vaterlandsliebe verselbstständigt hatte und nun zu einem gefährlichen Geschoss zu werden drohte. Wohl deswegen auch kam das geplante Buch nie zustande. Delp musste einsehen, dass es von der Realität überholt worden war. Er versuchte zu verstehen, warum sich eine Massenbewegung entwickelt hatte, die ihr Heil in einem Menschen suchte, der die Macht hatte, sie zu begeistern. Wie konnte es passieren, dass der Nationalsozialismus zu einer Art Religionsersatz geworden war? – Fragen, mit denen sich Delp auch in einer Predigtreihe auseinandersetzte, die unter dem Titel »Kirche in der Zeitenwende« in der Valkenburger hauseigenen Zeitschrift »Chrysologus« erschien. Und hier klangen die Töne wesentlich moderater: »Wer ein ganzer Mensch sein will, muss Geschöpf bleiben. Noch alle Menschen, die ihre Geschöpflichkeit abstreifen wollten, endigten als geistige Krüppel. Wir wollen uns und unser Volk vor dieser geistigen Krüppelhaftigkeit bewahren ...«[60]

1936 setzte Delp seine theologischen Studien im Ordenshaus St. Georgen in Frankfurt fort. Während der Vorlesungen notierte er selten mit, »weil doch schon fast alles in den Büchern steht«.[61] Stattdessen schrieb er vorzugsweise Briefe, was seine Professoren verstimmte, wenn sie es bemerkten. In seiner Freizeit beschäftigte er sich weiter mit nationalsozialistischem Gedankengut. Die braune Gefahr ließ ihm keine Ruhe. Er gründete einen Arbeitskreis, um mit Gleichgesinnten über die ideologischen Verirrungen nachzudenken. Ende 1936 plante er sogar einen Besuch bei Alfred Rosenberg, einem der wichtigsten Nazi-Ideologen überhaupt. Er wurde später im Nürnberger Kriegsverbrecherprozess zum Tode verurteilt. Ein Mitbruder hätte Delp das Gespräch vermitteln können. Delp bat Pater Rösch brieflich um Erlaubnis, die ihm dieser jedoch verweigerte. Alfred Rosenberg hatte 1930 in seinem »Mythos des 20. Jahrhunderts« unmissverständlich mitgeteilt, was er von den Jesuiten hielt: »Der Orden der Jesuiten arbeitet ... zielbewusst an der Zersetzung des nordisch-germanischen Abendlandes und nistet sich naturnotwendig überall dort ein, wo eine Wunde im Volkskörper bemerkbar ist. ...«[62]

1938 beendete Alfred Delp sein Studium. Insgesamt vierzehn Semester lagen hinter ihm. Den Abschluss bildete das »Examen ad gradum«, in dem der Wissensstoff seiner philosophischen und theologischen Studien geprüft wurde. Delp bestand es erwartungsgemäß ohne Mühe.

Priesterweihe

Noch vor Abschluss seines Studiums, am 24. Juni 1937, wurde Alfred Delp in München von Kardinal Michael Faulhaber zum Priester geweiht. Exakt 400 Jahre zuvor hatte Ignatius von Loyola die Weihe empfangen, der Gründer des Jesuitenordens. Delp hatte einen Wunschzettel an seine Angehörigen geschrieben, auf dem u.a. eine Beichtuhr, eine Taschenstola und ein Koffer aufgelistet waren.[63] Seine Primiz feierte er mit seiner Familie und seiner Heimatgemeinde St. Andreas in Lampertheim. »Es hat sich gelohnt«[64], soll er während der Feier gesagt haben, und zweifellos dachte er dabei an die Zeit zurück, da er von zu Hause fortgegangen war und nicht mehr zurückkehrte. Zielstrebig hatte er verfolgt, Jesuit zu werden, und damit eine der härtesten Ausbildungen durchlaufen, die die katholische Kirche bietet. Er war angekommen. Er war da, wo er sein wollte, und er war davon überzeugt, dass auch Gott ihn an diesem Platz haben wollte.

In den folgenden Wochen musste Delp in der Jesuitenkirche St. Michael in München aushelfen. Von den rund 50 Predigten, die er während dieser Zeit hielt, blieb nur jene über die »Christliche Persönlichkeit« erhalten, in der er in einem leidenschaftlichen Appell für die Echtheit christlichen Lebens eintritt. Seine Predigt war, wenn man so will, auch eine Abrechnung mit christlichen Mitläufern, die es sich in der Gemeinschaft nur allzu bequem gemacht hatten. Christsein, so Delp, sei mehr als die Zugehörigkeit zu einer Kirche. Glaubwürdig sei man als Christ nur, wenn man Sonntag und Alltag nicht trenne. Es war eine Predigt, die Mut machte, gegen den Strom zu schwimmen. Denn gerade in diesen dunklen Zeiten waren seiner Meinung nach »ganze« Christen gefordert, die zu echten »Persönlichkeiten« herangereift waren, Menschen, die in die Einsamkeit gingen, anstatt im »kollektiven Menschenbrei«[65] zu ersticken.

Glaubwürdigkeit, Aufrichtigkeit, Kämpfen für das, woran man glaubt – darum ging es Pater Alfred Delp in seiner Predigt. Was Deutschland jetzt brauche, seien Menschen, die bereit waren, »persönliche Verantwortung«[66] zu übernehmen. »Es hängt alles davon ab, wie viele von uns den Mut aufbringen, gerade zu stehen …«[67] Es war nicht ungefährlich, so zu reden, vor allem nicht auf einer Kanzel, auf der bislang ein gewisser Pater Rupert Mayer gepredigt hatte. Delp wohnte mit ihm sogar im gleichen Haus, bis Mayer dann vom Sondergericht München wegen »Kanzelmissbrauchs« zu sechs Monaten Gefängnis verurteilt wurde.

Der letzte Ausbildungsabschnitt, der Delp noch bevorstand, war das Tertiat. Es ist nach der Kandidatur und dem Noviziat die dritte Prüfungszeit, bevor die Priester endgültig in den Orden eingegliedert werden. Ziel ist es, die Spiritualität zu vertiefen und die Ordensregeln zu verinnerlichen. Im Tertiat macht der Jesuit zum zweiten Mal in seinem Leben die dreißigtägigen Exerzitien. In kleinen Gruppen kann er sich mit seinen Mitbrüdern über die Erfahrungen austauschen, die er bis zu diesem Zeitpunkt gemacht hat.

Das Tertiat sollte Delp auf der Rottmannshöhe am Starnberger See beginnen. Doch schon wenige Tage nach seiner Ankunft musste er das stattliche Ordenshaus vorübergehend verlassen und sich in Feldkirch einfinden. Es sah ganz danach aus, als ob die Nazis beabsichtigten, die Stella Matutina zu beschlagnahmen. Mit Hilfe der zurückbeorderten Patres wurde das Gebäude von den Jesuiten besetzt. Zu Weihnachten durften Delp und seine Mitbrüder ihre Angehörigen besuchen. Pater Rösch fürchtete, dass die Klöster von der Gestapo aufgelöst werden könnten. In diesem Falle sollten die Patres bei ihren Angehörigen Unterschlupf suchen. Doch es blieb alles ruhig.

Im Juli 1939 beendete Alfred Delp sein Tertiat. Schon vorher aber bewarb er sich um einen Studienplatz an der philosophischen Fakultät in München, um dort zu promovieren. In seinem Immatrikulationsgesuch wies er ausdrücklich auf seine arische Abstammung hin und schloss den Brief formvollendet mit »Heil Hitler« ab. Es half nichts. Sein Gesuch wurde ohne Begründung abgelehnt, allerdings lässt sich zwischen den Zeilen herauslesen, dass die Zulassung ganz einfach deswegen verweigert wurde, weil er Jesuit war. Der Brief kam vom Bayerischen Staatsminister für Unterricht und Kultus: »Ich pflichte dem Standpunkt der Universitätsbehörden bei, wonach die Zulassung des Angehörigen des Jesuitenordens Alfred Delp zur Doktorprüfung in der philosophischen oder in der staatswissenschaftlichen Fakultät nicht genehmigt werden kann …«[68]

Die »Stimmen der Zeit«

Nach Ausbruch des Zweiten Weltkriegs fasste Delp den Entschluss, als Pfarrer an die Front zu gehen, aber auch dieser Plan wurde vom zuständigen Feldbischof durchkreuzt. Doch so leicht gab sich Delp nicht geschlagen. Er war hochmotiviert; er ließ dem Geistlichen keine Ruhe und kreuzte sogar persönlich bei ihm auf, um sein Anliegen durchzusetzen. Seine penetrant vorgetragene Bitte erklärte er damit, dass er schon früher Offizier werden wollte und dass er sich »schäme, zu Hause zu sitzen, während bis auf eine Ausnahme alle männlichen Angehörigen meiner Familie im Felde sind«.[69] Doch alle Mühe war vergeblich. Verständlich, wenn man weiß, dass Franz Justus Rarkowski für das Amt des Heeresoberpfarrers und Feldpropstes nur deswegen auserwählt wurde, weil er auf der Seite des Staates stand. Bis zum Zusammenbruch des Dritten Reiches konnte er seinen Posten ungehindert ausüben. Verständlich auch, dass Delp unter diesen Umständen keine Chance hatte, Feldgeistlicher zu werden. Zu groß war die Gefahr, dass er die Soldaten mit dem Bazillus der Religion infizieren und dabei auch noch kritisch gegen das Regime anpredigen würde. Einen wie ihn konnte man im Feld nicht gebrauchen.

Die Jesuiten hatten ohnhin etwas anderes mit ihm vor. Delp mit seiner schriftstellerischen Begabung war bestens geeignet, als Redakteur bei den »Stimmen der Zeit« mitzuarbeiten. Dazu zog er nach München, in die Veterinärstraße 9. Die »Stimmen der Zeit« waren und sind bis heute eine Monatszeitschrift der Jesuiten. 1865 wurde sie in Maria Laach gegründet und hieß auch dementsprechend »Stimmen aus Maria Laach«. Als der Orden unter Bismarck aus Deutschland verbannt wurde, wich die Redaktion nach Belgien, Luxemburg und Holland aus. 1914 kehrte sie nach Deutschland zurück, diesmal nach München. Im Oktober erschien die erste Ausgabe nach der Verbannung: »Stimmen der Zeit: Katholische Monatsschrift für das Geistesleben der Gegenwart«. Der Name war Programm. Die Zeitschrift hatte den Anspruch, das Lesepublikum auf gehobenem Niveau nicht nur mit Informationen zu versorgen, es bot auch Raum für Diskussionen und Auseinandersetzungen in weltanschaulichen Fragen. Außer theologischen Themen wurden auch politische, gesellschaftliche, kulturelle und wissenschaftliche Inhalte erörtert.

Delp solte sich schwerpunktmäßig mit der »sozialen Frage« beschäftigen. Doch bei dieser Abgrenzung blieb es nicht. Sein Intereressengebiet war zu groß, um sich in enge Bandagen schnüren zu lassen. Innerhalb der Redaktion hatte man nichts dagegen, wenn er in fremden Revieren wilderte. Einschränkungen bekam er allerdings von den braunen Machthabern zu spüren, denen die »Stimmen« schon lange ein Dorn im Auge waren. Hätte er sonst jemals einen Artikel über den »Krieg als geistige Leistung« geschrieben? Immer wieder hatte die Reichsschrifttumskammer angemahnt, die Zeitschrift möge sich verstärkt für den Krieg einsetzen. Delp kam dieser Aufforderung nach, allerdings nicht ganz so, wie es sich die Nazis gewünscht hatten. »Wir haben ihn nicht gerufen«[70], schrieb Delp trocken über den Krieg. Allerdings wusste er nur zu gut, dass man ihm nicht ohne weiteres ausweichen konnte. Also: »Wir müssen mit ihm fertig werden.«[71] Dass ein Krieg, der mit modernen Waffen geführt wird, immer fragwürdig ist, weil er »die totale Vernichtung des Gegners«[72] ermöglicht, mag auch die Hurrapatrioten unter den Lesern nachdenklich gestimmt haben. Kann ein Krieg überhaupt moralisch vertretbar sein? Obwohl sich diese Frage zwangsläufig beim Lesen des Artikels ergibt, kann man Delps Artikel doch nicht als kontraproduktiv beurteilen. Schließlich betont er hinlänglich die traditionsreiche Treue der Katholiken zum Staat, holt aber ein paar Zeilen weiter zum nächsten Schlag aus: »Es ist nicht unsere Art, den Krieg zu verherrlichen …«[73] Bei den Themen, die er sich selbst aussuchte, kam er immer wieder auf die Existenzfrage des Menschen zu sprechen. Welche Bedeutung hat das Leben? Von welchen Werten wird es bestimmt? Aber auch: Was heißt es, Christ zu sein? Wie wäre zu leben in einer zunehmend unchristlicher werdenden Welt? Anstöße für die Beschäftigung mit diesen Fragen fand Delp genug, z. B. in der Biografie des britischen Amateurarchäologen, Geheimagenten und Obersten Thomas Edward Lawrence. Sie wurde zu einem Bestseller und stand damals besonders hoch im Kurs. Bekannt wurde Lawrence vor allem dadurch, dass er während des Ersten Weltkrieges einen Aufstand der Araber gegen die Osmanen provozierte, was den Briten weite Teile des Nahen Ostens sichern sollte. Delp betrachtete das Leben des Abenteurers sehr viel distanzierter und kritischer als die breite Masse. Seiner Meinung nach hatte Lawrence trotz aller Erfolge sein Leben nicht gemeistert; vielmehr war er Sklave seines Größenwahns geworden. Delp hielt ihn für einen

»kranken Helden«, der sich Not, Sorge, Einsamkeit, Tod und Schuld gegenübersah, weil er das wahre Leben verwirkt, weil er seine »innere Mitte« verloren hatte. Delp stellte damit einen Heroismus in Frage, der damals außerordentlich populär und aktuell war.

Wie das Leben richtig zu meistern wäre, verdeutlichte Delp in seinem Beitrag »Christ und Gegenwart«. Der Christ ist in seine Zeit gestellt, so Delp. Und in ihr müsse er sich bewähren. Den Rückzug in beschauliche, traute Kreise, wenn er denn als Flucht aus der Gegenwart verstanden wird, lehnte Delp ab. Die Bedrohung durch antichristliche Tendenzen dürfe nicht unterschätzt noch überschätzt werden. Christen – so Delp – sind besonders in schwierigen Zeiten einsame Menschen. Aber sie sollen sich auch ihres Auftrages bewusst sein. Feigheit und »blinde Gefolgschaft« ist fehl am Platz. Wenn notwendig, muss ein Christ auch bereit sein, für seine Werte einzustehen und zu kämpfen. »Man muss bei der Begegnung mit uns spüren, dass wir zwar leiden …, dass wir uns aber weder überflüssig noch unterlegen wissen … Dass es uns gar nicht darauf ankommt, um jeden Preis ein paar Lebenstage länger da zu sein, dass es uns aber wohl darauf ankommt, um jeden Preis so zu sein, wie wir sind.«[74] Ein mutiger Delp sprach aus diesen Worten, die im Nachhinein fast prophetisch wirken. Es klang wie eine Kampfansage an die Nazis.

Weit stärkere Kritik an der nationalsozialistischen Ideologie übte Delp in zwei philosophischen Buchprojekten, an denen er arbeitete: »Der Mensch vor sich selbst« und »Der Mensch und die Geschichte«. Letzteres war im Grunde eine Weiterführung seiner Gedanken aus »Christ und Gegenwart«. Der Mensch, so lautet sein leidenschaftlicher Appell, darf seine »Freiheit und Eigenständigkeit« niemals und unter gar keinen Umständen abgeben, will er nicht als ferngesteuerte Marionette durchs Leben gehen. Delps Kritik konnte an Deutlichkeit nun kaum noch überboten werden: »Die schlimmste Karikatur auf den Menschen ist der Massenmensch, nur noch wirklich als Teilstück eines gestaltlosen Instinktbündels, nur noch fähig der primitivsten Reaktionen und Ausbrüche, nur noch getrieben von Demagogen, tierhaften Bedürfnissen und Ansprüchen ...«[75] Das war noch vergleichsweise harmlos zu dem, was sich in seinem Manuskript »Der Mensch vor sich selbst« fand: Menschen, die ihrem Gewissen verpflichtet sind, »fällen ihr eigenes Urteil, sind unbequem für jedes Schema, lästig für jede, auch die fromme Vermassung und Entmündigung ...«.[76] Das war für nationalsozialistische Ohren starker Tobak. Glaubte Alfred Delp wirklich, dass er sein Werk je veröffentlichen konnte? War er naiv, oder wollte er testen, wie weit er gehen konnte? Er wusste jedenfalls, dass eine Publikation grundsätzlich nur dann möglich war, wenn die Reichsschrifttumskammer dazu ihren Segen erteilte, was erst einmal eine Mitgliedschaft voraussetzte. Delp stellte daher den entsprechenden Antrag und bat zugleich um eine beschleunigte Bearbeitung der Angelegenheit. Damit mag er sich schon im Vorfeld das Wohlwollen der zuständigen Beamten verscherzt haben, jedenfalls entstand nun ein ziemliches Durcheinander. Zunächst erhielt Pater Alfred Delp einen Fragebogen, den er gehorsam ausfüllte und den er nebst ausführlichem Lebenslauf und dem obligatorischen Ariernachweis zurückschickte. Die Berliner setzten sich mit der Gauleitung von München-Oberbayern in Verbindung; diese wiederum alarmierte die NSDAP-Ortsgruppe in der Münchner Ludwigstraße, die sich sozusagen in Delps Nachbarschaft befand. Hier wusste man jedoch von Delps politischer Gesinnung nichts zu berichten, wohl aber, dass er »ein netter, zuvorkommender Herr«[77] sei. Das gefiel dem Gauleiter offenbar nicht, und er formulierte die Meldung nach seinem Geschmack um: »Delp ist Ordenspriester der Jesuiten. Eine politische Beurteilung erübrigt sich daher.«[78] Gefragt wurde auch der Reichsminister für kirchliche Angelegenheiten, der keinerlei Bedenken gegen Delps Aufnahme in die Reichsschrifttumskammer hatte. Zuletzt gab auch der Chef des Sicherheitsdienstes noch seinen Kommentar ab. Kernsatz seiner Ausführungen: »Ein positiver Einsatz Delps für den Nationalsozialismus kann nie erwartet werden.« Und so erteilte der Präsident der Reichsschrifttumskammer Delp eine Absage. Als Begründung führte er jedoch an, es gebe nicht mehr genügend Papier, um solche Projekte zu fördern. Höflich ermunterte er Delp, nach dem Krieg erneut seine Mitgliedschaft zu beantragen.

Pater Delp weiß, dass es für abgelehnte Fälle wie ihn einen Geheimtipp gibt. Er heißt Joseph Rossé und betreibt im elsässischen Colmar den Alsatia-Verlag. Als die Deutschen 1940 im Elsass einmarschieren, sitzt er gerade im französischen Internierungslager. Die Deutschen sind deshalb überzeugt, dass er ein Anhänger ihrer braunen Ideologie ist, und befreien ihn. Fortan wird er bevorzugt behandelt, darf Druckaufträge in einer Größenordnung annehmen, von denen andere Verleger nicht einmal zu träumen wagen, und wird kaum kontrolliert. Das nutzt Rossé weidlich aus. Nur ein Bruchteil der Bücher, die er verlegt, ist genehmigt. Seine Mitarbeiter spielen das gefährliche Spiel mit. Kommen tasächlich einmal unangemeldet die Kontrolleure, lassen sie alles verschwinden, was verdächtig erscheint. Erstaunlich ist auch, dass Rossé immer über genügend Papiervorräte verfügt. Er verdankt es seinen hervorragenden Beziehungen. Rossé erklärt sich also bereit, Delps »Mensch und die Geschichte« zu drucken. Das zeitkritischere Manuskript »Der Mensch vor sich selbst« ist jedoch auch ihm wohl zu brisant; es erscheint erst 1955 – lange nach Delps Tod.

1941 erreichte der nationalsozialistische Kirchenkampf seinen Höhepunkt. NSDAP-Reichsleiter Martin Bormann und der Reichsführer der SS, Heinrich Himmler, hatten zum »Klostersturm« gerufen. Innerhalb eines Jahres wurden mehrere hundert Klöster und kirchliche Einrichtungen beschlagnahmt. In ihnen wurden die vielen Auslandsdeutschen aus Osteuropa untergebracht, die »heim ins Reich« wollten. Die katholischen Bischöfe zeigten anfänglich sogar Verständnis für dieses Projekt. Das änderte sich jedoch, als die versprochenen Entschädigungen ausblieben. Außerdem waren im Lauf des Jahres immer wenige Evangelische, dafür immer mehr Katholiken betroffen. Allmählich konnte kaum noch jemand daran zweifeln, dass sich die ganze Aktion gezielt gegen die katholische Kirche richtete. Die Bischöfe verfassten Hirtenbriefe und mobilisierten ihre Gemeindeglieder. Es kam zu massiven öffentlichen Protesten – mit verblüffender Wirkung: Hitler ließ die Beschlagnahmen einstellen. Angesichts dieses Erfolges fragt man sich, warum die Kirchen nicht gegen die Vernichtungsaktionen und gegen Hitlers Politik rebellierten.

Die Auswirkungen des Klostersturms waren bis weit in unsere Tage zu spüren. Die Wiedergutmachungsprozesse zogen sich bis in die 70er Jahre hin, und viele Ordensgemeinschaften konnten sich von diesem gravierenden Einschnitt nie mehr richtig erholen.

Am 18. April 1941 erschüttert der Klostersturm auch das Redaktionsgebäude der »Stimmen der Zeit« in München. Die Gestapo verlangt aufgrund einer Verfügung des Reichspräsidenten die sofortige Räumung des Hauses. Der verantwortliche Pater Theo Hoffmann kann gerade noch eine »Gnadenfrist« von zwei Stunden aushandeln. Das ist dann aber auch schon alles. Die Zeitschrift muss ihr Erscheinen unverzüglich einstellen. Als Begründung gibt der leitende Beamte an, der längst verstorbene Pater Lippert habe Landesverrat begangen, und zwar »in Verbindung mit einem klerikalen holländischen Nachrichtenbüro«.[79] Eine lächerliche Verleumdung, denn Lippert war mit dem Jesuitenpater Muckermann befreundet gewesen, der in Holland seinen Dienst tat und die Zeitschrift »Der Deutsche Weg« herausgebracht hatte.[80] Was wohl wirklich hinter dieser Behauptung steckte, war Folgendes: 1935 hatte Lippert für die »Stimmen der Zeit« einen Beitrag verfasst, der den Titel trug »Mit Gewalt – mit Geduld«. Darin hatte er gegen die nationalsozialistische Gewaltherrschaft angeschrieben und sie mit deutlichen Worten kritisiert. Das Blatt war daraufhin für vier Monate verboten worden. Die Patres der »Stimmen der Zeit« wurden in München auf verschiedene Pfarrhäuser verteilt. Pater Alfred Delp kam in die idyllisch gelegene St. Georgskirche nach München-Bogenhausen …

»Ich weiß also wirklich nicht, was ich tun soll!« – Helmuth James Graf von Moltke

Studieren – aber was?

»Seine Schwierigkeit wird sein, dass er so viele Interessen hat, dass er es anstrengend und vielleicht etwas beengend finden wird, sich in der Landwirtschaft in kleinem Rahmen niederzulassen … Er hat sehr starkes Interesse an Politik und hat dank seinem englischen Blut viel mehr Eignung dafür als die meisten Teutonen. Muss ich Euch sagen, dass er *nicht deutschnational* ist?!«[81]

Nein, deutschnational war Helmuth James von Moltke nun wirklich nicht. Er stand sogar ziemlich weit »links«, was in seinen Kreisen durchaus revolutionär wirkte. Seine Mutter kannte ihren ältesten Sohn zu gut, und deshalb irrte sie sich auch nicht, dass die Landwirtschaft wohl nicht das Richtige für ihn sein würde. Sein Vater hätte sich gewünscht, dass Helmuth eine dreijährige landwirtschaftliche Ausbildung machen würde, und es sollte eine Zeit kommen, in der sie ihm durchaus nützlich gewesen wäre. Aber er hatte schon zu lange Stadtluft geschnuppert, um nun dauerhaft nach Kreisau zurückzukehren. Ihn trieb die Neugier, viele Türen standen ihm offen, und die Welt, für die er sich interessierte, lag hinter Kreisau.

Er entschloss sich also, zu studieren, und das »möglichst lange«[82]; allerdings wusste er nicht so recht, welche Fächer er belegen sollte. Die Auswahl, die Helmuth von Moltke traf, war – wie er selbst zugab – »ein ziemliches Durcheinander«[83]: Geschichte, Sozialgeschichte, Politik, Jura und Zeitungswesen. Daneben besuchte er auch Vorlesungen über Literatur, Malerei und Kunstgeschichte. Er strebte ein möglichst breites Wissen an. Rückblickend drängt sich der Eindruck auf, als habe er instinktiv gespürt, dass ihm nicht genügend Zeit blieb, um die Fülle der Möglichkeiten, die ein Leben bieten kann, auszuschöpfen. Seine Vielseitigkeit machte es jedoch unmöglich, tiefer als notwendig in ein Gebiet einzudringen. Das unterschied ihn deutlich von Alfred Delp, der als Typus des deutschen Gelehrten den Dingen mehr auf den Grund zu gehen suchte. Allerdings verbot die strenge jesuitische Ausbildungsvorgabe auch ein Abdriften in andere Interessengebiete. »Ich habe ständig«, so schrieb Moltke einmal, »unter meinem überbildeten Intellekt gelitten; ich habe ihn verachtet und ihn überschätzt; verachtet, weil er mir alle meine Hemmungen, alle Komplikationen verursachte; überschätzt, weil ich ihm erlaubte, solche Hemmungen zu schaffen …«[84] Als Moltke schließlich klar war, dass er bei der Jurisprudenz bleiben wollte, lernte er nach eigenen Aussagen und mit Hilfe eines Repetitors nur so viel, wie er für seine Prüfungen gerade brauchte.[85]

Breslau, Berlin, Wien – und viele interessante Leute

Für das erste Semester immatrikulierte er sich in Breslau, weil seine Großeltern gerade für ein halbes Jahr zu Besuch kamen, und das konnte und wollte er sich nicht entgehen lassen. Seinen Großvater bewunderte Helmuth James so sehr, dass er mit dem Gedanken spielte, ebenfalls Richter zu werden. Schon im zweiten Semester wechselte er an die Berliner Universität. In Berlin konnte er umsonst bei Verwandten wohnen, denn auf Gut Kreisau musste eisern gespart werden. Die wirtschaftliche Situation sah nicht besonders rosig aus. Helmuths Mutter berichtete im Oktober 1925 ihren Eltern, die immer wieder einen Zuschuss schickten, Helmuth müsse »mit 10 Pfund im Monat auskommen, und das muss für Kolleggelder, Bücher, das Leben und kleine Ausgaben reichen.«[86] Aber zu viel Geld zu haben war ihrer Meinung nach gefährlicher, als zu wenig zu haben.

Was die Mahlzeiten betraf, musste sich seine Mutter nicht allzu große Sorgen machen. Helmuth hatte in der Nähe der Universität die »Schlossküche« ausfindig gemacht, wo er seinen ständig hungrigen Magen mit wenig Geld gut füllen konnte. Sie gehörte zu einer der vier Gemeinschaftsküchen, die Eugenie Schwarzwald 1923 in Berlin gegründet hatte. Die vorausgegangene Inflation, dazu ein überaus strenger Winter hatten ein Hungerjahr ausgelöst. Eugenie Schwarzwald erschien vielen Berlinern wie ein rettender Engel. Sie hatte bereits in Wien Gemeinschaftsküchen aufgebaut und auf diese Weise viel Elend gelindert. Die Begegnung mit Eugenie Schwarzwald wurde sowohl in privater als auch in politischer Hinsicht wegweisend für Moltke. Die Jüdin war eine außergewöhnliche Frau und stammte aus der Bukowina. Das Gebiet zwischen Rumänien und der Ukraine war damals noch eine österreichische Provinz. Eugenie ging in

Czernowitz zur Schule und verfolgte eisern ein Ziel: Sie wollte studieren. Als Frau hatte man um die Jahrhundertwende allerdings nur zwei Möglichkeiten: Entweder man schlug sich diesen Wunsch aus dem Kopf oder man ging nach Zürich, der einzigen Hochschule im deutschsprachigen Raum, die Frauen zum regulären Studium zuließ. Eugenie entschied sich für Letzteres, studierte Philosophie und Germanistik, promovierte und heiratete Hermann Schwarzwald. Das Paar zog nach Wien. Hermann Schwarzwald hatte eine steile Karriere im österreichischen Ministerium für Handel und Finanzen vor sich und hätte sogar Präsident der Staatsbank werden können. Das lehnte er jedoch ab, weil er sich als Jude auf diesem Posten deplatziert fühlte. Er beschied sich mit einem leitenden Posten bei der Anglo-Austrian-Bank und sorgte während der Inflation dafür, dass die österreichische Währung einigermaßen stabil blieb.

Seine Gattin ging währenddessen ihren eigenen Interessen nach. Sie bot im Rahmen der Volksbildung Vorträge über Pädagogik an und ließ sich auch dadurch nicht entmutigen, dass der erste Abend äußerst enttäuschend verlief. Gerade mal sieben ältere Männer saßen vor ihr, die neugierig waren, was eine Frau denn schon zu sagen habe. Beim nächsten Mal kamen schon 60 Zuhörer. 1901 übernahm Eugenie die kommissarische Leitung eines Mädchen-Lyzeums. Bei dieser provisorischen Lösung blieb es allerdings 37 Jahre, weil ihr Schweizer Studium nicht anerkannt wurde. Eugenie Schwarzwald störte sich nicht daran und eröffnete nebenbei eine Volksschule, in der Jungen und Mädchen gemeinsam unterrichtet wurden, was 1903 einer kleinen Sensation gleichkam. In rascher Folge gingen ein vierklassiges Realgymnasium und ein achtklassiges Mädchengymnasium an den Start. Es war die erste Schule in Österreich, an der Mädchen ihre Matura ablegen konnten; sie bestand bis 1938. Zu den Schülerinnen gehörten die später berühmt gewordene Schriftstellerin Hilde Spiel und die Schauspielerin Helene Weigel, die damals noch als »hässliches Entlein« galt. Die »Schwarzwald-Schulen« erregten überregionales Aufsehen, nicht nur, weil der Turnunterricht auf dem Dachgarten stattfand. Eugenie hatte namhafte Persönlichkeiten als Lehrer engagiert – Oskar Kokoschka zum Beispiel, der Zeichnen unterrichtete, oder Arnold Schönberg und Egon Wellesz, die für Musik zuständig waren. In jedem Kind stecke ein kleiner Künstler und eine Künstlerin, meinte die Schwarzwald, und es komme nur darauf an, die Kreativität zu fördern – besonders bei Mädchen. Es versteht sich von selbst, dass ihre Erziehungsmethoden frei von aller Gewalt waren. Langeweile bei Kindern betrachtete sie als pures Gift, Fröhlichkeit hingegen als unverzichtbares Lebenselixier.

Während des Ersten Weltkrieges organisierte »Frau Doktor«, wie Eugenie Schwarzwald inzwischen überall genannt wurde, Gemeinschaftsküchen und Hilfsaktionen für Flüchtlingskinder. Unter ihrem wachsamen Auge schossen allerorten Erholungsheime für Kinder und Erwachsene wie Pilze aus dem Boden. Und als der Krieg endlich vorüber war und die Schwarzwalds 1920 am Grundlsee das Hotel »Seeblick« mieteten, schien in den nächsten achtzehn Jahren der Sommer gerettet. Hier durfte die immer größer werdende Schar der Schwarzwald-Freunde zum Selbstkostenpreis wohnen. Und wer ging hier nicht alles ein und aus: Die Schriftsteller Arno Holz, Felix Braun, Carl Zuckmayer, Klabund, Thomas Mann, Egon Friedell, Bert Brecht und Elias Canetti; auch der spätere Pianist Rudolf Serkin war ein gern gesehener Gast. Er trainierte am Klavier in der Seevilla zur Freude aller seine Fingerfertigkeit. Canetti beschrieb den Schwarzwald-Zirkel mit bissigen Worten einmal so: »… Nun war es aber keineswegs so, dass auch nur ein einziger dieser Besucher das Gespräch der Frau Dr. Schwarzwald besonders interessant gefunden hätte. Sie galt als passionierte Pädagogin mit modernen, freien Tendenzen, von ihren Schülern wurde sie vergöttert, sie half manchen wirklich und erlaubte viel, aber da alles bei ihr ineinander- und durcheinanderfloss, war sie für geistige Menschen jener besonderen Art nicht nur uninteressant, sondern eher lästig. Man empfand sie als Schwätzerin mit den allerbesten Absichten …«[87]

Es ist fraglich, wie viele Canettis Meinung teilten. Helmuth James von Moltke fühlte sich im Hause der Schwarzwalds sehr wohl, und kaum hatte er Genia, wie Eugenie Schwarzwald sich gern nennen ließ, in der Berliner »Schlossküche« kennengelernt, lud sie ihn nach Wien und Grundlsee ein. Ihm imponierte ihre unangepasste Lebensart, und auch die Gespräche mit ihrem Mann bedeuteten Moltke viel. Sie hatte keine eigenen Kinder und sammelte daher gern junge Leute um sich, die sie ein wenig unter ihre Fittiche nehmen konnte. Eugenie Schwarzwald brachte allen, die sie kennenlernte, Wärme und Aufgeschlossenheit entgegen. Sie mochte den jungen, etwas zurückhaltenden Moltke sehr. Sie glaubte, dass ihm eine große Zukunft bevorstünde. Zwischen beiden entwickelte sich im Lauf der Zeit eine herzliche Freundschaft. Mehrmals war »Frau Doktor« auch auf Gut Kreisau zu Gast. In der Familie Moltke mochte man ihre Lebhaftigkeit, wie die Briefe Dorothys zeigen: »Frau Dr. ist eine entzückende Frau … sehr wohlhabend, klug, enthusiastisch, sehr gesprächig, voller Spaß und Unternehmungslust … gütig und höchst freigebig gegen alle, denen sie begegnet, hilfreich, wo immer sie sieht, dass etwas nötig ist – und wo ist nichts nötig? –, etwas autokratisch und höchst liebenswert. Natürlich Pazifistin … Sie ist eine wirkliche Persönlichkeit, deren hauptsächlicher Gesichtspunkt zu sein scheint: Liebet und helft euch untereinander! …«[88]

Zunächst einmal half sie Helmuth James, in Wien Fuß zu fassen; schließlich hatte sie ihn überredet, ab Oktober

1926 zwei Semester in der Donaumetropole zu studieren. Er hörte Vorlesungen über Völkerrecht und internationales Privatrecht. Frau Doktor nahm Moltke in ihr Schlepptau, wo er Süßigkeiten an die Schülerinnen der Schwarzwald-Schule verteilte und in den bunt gemischten, fröhlichen Salon der Wohltäterin eingeführt wurde. Sozialisten, Intellektuelle, Künstler – es war kein elitärer Kreis, der sich hier traf. Hier war jeder willkommen, der zum Bildungsbürgertum gehörte und Kritik an der bestehenden Gesellschaft übte.

Helmuth fühlte sich schnell in der neuen Umgebung zu Hause und fand rasch neue Freunde – trotz seines eher distanzierten Auftretens. Wer sich nicht die Mühe machte, ihn näher kennenzulernen, konnte leicht den Eindruck gewinnen, er sei überheblich. Auch seine Mutter beklagte sich einmal in einem Brief an ihre Eltern, sie befürchte, dass er »zu eingebildet und zu selbstsicher« werden könne, obwohl sie ja wisse, dass er nur den Anschein erwecke und nicht wirklich so sei.[89] In späteren Briefen berichtete sie, dass jüngere Leute oft von ihm »eingeschüchtert« seien; dabei sei er »so ausgeglichen und so selbstlos«. Sie konnte sich nicht erinnern, Helmuth James jemals »verärgert geschweige denn wütend oder nervös gesehen zu haben«.[90] Seine spätere Frau Freya schrieb über ihn: »… Aber wer den Ausdruck seiner lebendigen braunen Augen aufzunehmen verstand, konnte sofort seine Wärme erkennen. Vielleicht erschloss sich diese nur seinen Allernächsten, wie auch seine Heiterkeit …«[91]

Im Schwarzwald-Kreis war Helmuth von Moltke sehr beliebt. Die Kontakte, die er hier knüpfte, hielt er teilweise auch später noch aufrecht. Da war zum Beispiel die bekannte dänische Journalistin und Schriftstellerin Karin Michaelis. Als Helmuth ihr begegnete, war sie bereits 54 Jahre alt. Man nannte sie »den kleinen Kobold«. Die lustige, lebhafte Frau hatte bereits 1910 Dänen und Deutsche erschüttert, nachdem sie ihren Roman »Das gefährliche

Alter« publiziert hatte. Damit hatte sie sich sehr emotional mit dem Klimakterium der Frau auseinandergesetzt. Die Sehnsucht nach sexueller Befriedigung, der Wunsch nach einem selbstbestimmten Leben, unabhängig vom Ehemann, wurden von ihr offen zur Sprache gebracht. Schonungslos schilderte sie eine Beziehung, in der man nicht mehr miteinander, sondern nebeneinander lebt und in der nur noch von einer Zweckgemeinschaft, nicht aber von Liebe die Rede sein kann. Der Titel des Buches wurde zum geflügelten Wort. In der Folge gab es lebhafte Diskussionen über die weibliche Sexualität. Eine Million Exemplare wurden verkauft. Das Lebensmotto der Michaelis lautete: Ungerechtigkeiten müssen bestraft werden. Deshalb machte sie großen Eindruck auf Helmuth James, deshalb nahm sie kein Blatt vor den Mund, und deshalb trat sie auch gegen Hitler und Mussolini auf, was zur Folge hatte, dass ihre Bücher in beiden Ländern verboten wurden. Wenige Jahre später würde sie Helene Weigel und Bert Brecht bei sich Asyl gewähren. 1940 musste sie allerdings selbst nach Amerika fliehen.

Karin Michaelis wurde – was Schreiben wider den Zeitgeist betraf – zum Vorbild für den jungen Moltke, ähnlich wie die amerikanische Journalistin Dorothy Thompson, die er ebenfalls im Haus der Schwarzwalds kennenlernte. Sie wurde später von Wien nach Berlin versetzt. Durch sie lernte er den Berliner Korrespondenten der »Chicago Daily News« kennen, Edgar Mowrer. Thompson und Mowrer begriffen sehr früh, welche Auswirkungen der Nationalsozialismus auf die Welt haben würde, und alarmierten durch ihre Berichte die amerikanischen Landsleute. Da Helmuth sich nebenbei etwas Geld verdienen musste, arbeitete er den Journalisten zu. Sie brachten ihm das Einmaleins des journalistischen Handwerks bei. Schreibtalent besaß er ohnehin. Von ihnen lernte er, dass jemand, der schreibt, sich auch unbeliebt machen kann, dass er möglicherweise aneckt und

Widerspruch auslöst. Helmuth von Moltke begriff, dass man manchmal sogar bewusst provozieren muss, dass Ungerechtigkeiten und Missstände schonungslos beim Namen genannt werden müssen, wenn die Öffentlichkeit darauf aufmerksam gemacht werden soll. Wer aber so schreibt, lebt bisweilen gefährlich.

Im Haus der Schwarzwalds traf Helmuth von Moltke auch Hans Deichmann, einen Bruder seines Gefährten aus der unglückseligen Schondorfer Zeit. Auch er sollte eigentlich in Wien studieren. Das meiste lernte er jedoch nicht auf der Universität, sondern bei Frau Doktor: »Ich lernte von ihr zuzuhören, offen und geduldig zu sein, nicht Opfer meiner eigenen Vorurteile zu werden; ich lernte, Achtung vor anderen, auch Dümmeren zu haben; ich begriff, was bedingungsloses, aber zugleich anspruchsvolles Wohlwollen bedeutet, außerdem wurde mir bewusst, wie wichtig es ist, eigene Fehler zuzugeben, mich über mich selbst lustig zu machen … kurz: Ich lernte, ein ziemlich freier Mensch zu sein.«[92]

Auch nach seiner Wiener Studienzeit kehrte Moltke immer wieder gern ins Schwarzwald-Haus zurück. 1929 erschien Hans Deichmann in Begleitung seiner Mutter und seiner Schwester Freya am Grundlsee. Sie waren aus Köln angereist und blieben fünf Wochen – fünf Wochen, in denen sich der 22-jährige Helmuth von Moltke und die 18-jährige Freya Deichmann ineinander verliebten. Freya stammte aus einer angesehenen Kölner Bankiersfamilie. Der Vater war ein erzkonservativer Monarchist. Geprägt wurden die Kinder allerdings von der fortschrittlichen Mutter, die demokratisch wählte und als Armenpflegerin arbeitete. Nach diesem schicksalhaften Urlaub kehrte Freya erst einmal zurück nach Köln. Das Leben hatte die Weichen neu gestellt, und Eugenie Schwarzwald hatte indirekt dazu beigetragen.

Als einige Jahre später die Nazis in Österreich einmarschierten, war Eugenie Schwarzwald gerade auf einer

Vortragsreise in Dänemark und reiste von dort direkt nach Zürich. Ihre Schwarzwald-Schule wurde geschlossen, das Vermögen liquidiert. Auch ihrem Mann gelang noch die Flucht in die Schweiz, er starb aber kurze Zeit danach. Die an Krebs erkrankte Eugenie Schwarzwald verlor 1940 den Kampf gegen die Krankheit.

Die »Löwenberger Arbeitsgemeinschaft«

Eugenie Schwarzwald hatte Moltkes Blick für soziale Probleme geschärft. Schon im Herbst 1926 hatte er den Sozialdemokraten Karl Ohle kennengelernt. Er war Landrat von Waldenburg, einem Bergbaugebiet, das etwa 40 Kilometer südwestlich von Kreisau liegt. Ohle sprach von der verheerenden Notlage der dortigen Bevölkerung. Um sich ein genaues Bild machen zu können, beschloss Helmuth von Moltke, während der Osterferien ein Praktikum am dortigen Landratsamt zu absolvieren. Die Auswirkungen des Ersten Weltkriegs waren auch in Schlesien sehr stark zu spüren. Die neue Grenze verlief mitten durch die früheren Industriezentren, zu denen auch Waldenburg gehörte. Das Ergebnis war, dass die Menschen durch Arbeitslosigkeit und Flüchtlingselend völlig verarmt waren. Helmuth von Moltke traute seinen Augen nicht, als er die Not bei einem Vor-Ort-Einsatz zum ersten Mal sah. Insgesamt lebten in Waldenburg 78 Familien. Die meisten davon mussten mit nur einem Zimmer auskommen. Oft teilten sich sogar zwei oder drei Familien einen einzigen Raum. Moltke war erschüttert. Er informierte sofort seine amerikanischen Journalistenfreunde sowie Karin Michaelis, um ihnen die unglaublichen Zustände zu zeigen. Karin Michaelis berichtete später von völlig durchfeuchteten Behausungen, und was sie schrieb, entsprang leider nicht ihrer Fantasie. Es handelte sich um die traurige Wirklichkeit: »… Die Feuchtigkeit drang vom Boden her ein und durchzog das ganze Holzwerk. Öffnete man einen Kleiderschrank, der einige Tage geschlossen gewesen war, war das Zeug grün vor Schimmel, und allenthalben wuchsen Schimmelpilze …«[93] Kein Wunder, dass die Menschen krank wurden. In »jeder einzelnen Wohnung«, betonte Karin Michaelis, »waren ständig Kinder oder Erwachsene, die im Bett lagen und auf ihren schweren Tod warteten. Jede Familie hatte Kinder auf dem Friedhof liegen, und die Kinder, die wir sahen, waren so blass, dass es nur eine Frage von Monaten zu sein schien, bis auch sie sich zu Bett legen mussten, um den Tod zu erwarten.«[94]

Seine restliche Studienzeit absolvierte Moltke in Breslau. Zusammen mit seinem Vetter Carl Dietrich von Trotha, dessen Freund Horst von Einsiedel und ihrem Professor Eugen Rosenstock-Huessy überlegte Moltke, wie Waldenburg geholfen werden könne. Rosenstock-Huessy lehrte zum damaligen Zeitpunkt Rechtsgeschichte in Breslau. Er war jedoch auch Soziologe und von daher der richtige Ansprechpartner. Er steckte voller Ideen und suchte nach neuen Lösungen in einer sich rasant verändernden Welt. Den Ersten Weltkrieg hatte er aus nächster Nähe miterlebt. Verändert kehrte er zurück. Die Bildung der Menschen lag ihm am Herzen, weil nur der Gebildete in der Lage ist, gesellschaftliche, wirtschaftliche und politische Zusammenhänge zu verstehen und selbstbestimmte Entscheidungen zu treffen. Die Hochschulen allein konnten diese Arbeit nicht leisten. Zu vielen war der Weg dorthin versperrt. Um die breite Masse zu erreichen, plädierte Rosenstock-Huessy für die damals noch unübliche Erwachsenenbildung. Zusammen mit Hugo Sinzheimer, Ernst Pape und Theodor Thomas gründete er 1921 die Akademie der Arbeit an der Goethe-Universität in Frankfurt am Main. Es war die »erste deutsche Hochschule für das Volk der Arbeit«. Die Nazis lösten die Einrichtung zwar auf; nach dem Krieg wurde sie jedoch wiedererrichtet. Die zahlreichen Grüppchen, die allerorten in Deutschland ihr Unwesen trieben, waren Rosenstock ein Dorn im Auge. Anstatt sich für ein gemeinsames Ziel einzusetzen, bekämpften sie sich gegenseitig. »Wir brauchen die Arbeitsgemeinschaft, nicht den Klassenkampf«[95], hatte er bereits Jahre zuvor gefordert. Miteinander reden, lautete seine Devise. Nur wer sich am Dialog beteilige, sei letztlich auch in der Lage, Verantwortung zu übernehmen. Nach den schrecklichen Ereignissen im Ersten Weltkrieg ließ ihn eine Vision nicht mehr los: Er träumte von einem Europa, in dem die Menschen ohne soziale Schranken friedlich zusammenlebten.

Zusammen mit Rosenstock überlegten Moltke und seine Freunde nun, wie den Waldenburgern zu helfen sei. Die Hilfsaktion sollte sich auf keinen Fall in einer Wohltätigkeitsaktion erschöpfen, »sondern als ein Beispiel für die Waldenburger selbst und als stete Mahnung für die Regierenden wirken«[96]. Sie gründeten die »Löwenberger Arbeitsgemeinschaft«. Der Name geht auf den Ort zurück, an dem die Organisation ihren Sitz hatte. Die Schlesische Jungmannschaft, die zur Jugendbewegung gehörte, wollte die Arbeit kräftig unterstützen. Sie besaß in Löwenberg in der Nähe von Waldenburg das Boberhaus. Das stellte sie für die Zusammenkünfte der neuen Arbeitsgemeinschaft zur Verfügung. Moltke war es gelungen, wichtige Leute für das Unternehmen zu gewinnen, so zum Beispiel den späteren Reichskanzler Heinrich Brüning, den Reichspräsidenten von Hindenburg und den Schriftsteller Gerhart Hauptmann. Dessen Schauspiel »Die Weber« spielte in der Gegend um Waldenburg, und Moltke verwies darauf, dass die erbärmliche Situation der Bergarbeiter nicht anders sei als die der damaligen Weber. In einem weiteren Schritt wurde ein freiwilliges Arbeitslager ins Leben gerufen, in dem junge Menschen aus allen Gesellschaftsschichten zusammenarbeiten sollten. Das war allerdings nicht so leicht, wie man es sich vorgestellt hatte. Die Arbeiter standen grundsätzlich einer Aktion skeptisch gegenüber, die aus adeligen Kreisen angeregt worden war. Außerdem konnten sie ihrem Arbeitsplatz nicht einfach fernbleiben. Die Bauern argumentierten ähnlich. Sie wurden im Stall und auf dem Feld gebraucht und fühlten sich in einem Kreis, dem Intellektuelle angehörten, nicht recht wohl. Viele Breslauer Studenten, zumal jene, die einer Verbindung angehörten, standen dem Vorhaben ablehnend gegenüber. Sie teilten Moltkes, Trothas und Einsiedels soziales Engagement nicht. Dennoch gab es in jeder Gruppe rühmliche Ausnahmen, die ihre Vorurteile zu Hause ließen; am Ende kamen etwa hundert junge Leute zusammen,[97] und zwar so, dass Arbeiter, Bauern und Studenten gleichmäßig vertreten waren. Sämtliche Konfessionen und politischen Gesinnungen waren vorhanden. Das erste Arbeitslager fand von Mitte bis Ende März 1928 statt. Die ersten Lagertage mussten bei sibirischer Kälte verbracht werden, die letzten in warmer Frühlingssonne. Die körperliche Arbeit diente als Brücke, um alle Gegensätze zu überwinden. Das Experiment gelang. Morgens hielt Professor Rosenstock eine Ansprache; danach wurde vier Stunden lang gearbeitet: Mauern wurden gezogen, Gräben ausgehoben, Holz gehackt usw. Als Ausgleich zur körperlichen Arbeit standen Vorträge auf dem Programm, die hauptsächlich von Eugen Rosenstock oder Adolf Reichwein gehalten wurden. Reichwein war damals noch als Pädagoge in der Volksbildungsarbeit tätig. Anschließend wurde lebhaft diskutiert. In den Vorträgen ging es um die historische Entwicklung der einzelnen Stände und um den Abbau von Klassenunterschieden. Man sprach aber auch über die Wirtschaftsverhältnisse in Schlesien, Europa und in Überseee.

Moltke konnte den Einsatz nur zeitweise begleiten, da er über einer »juristischen Arbeit« saß.[98] Gegen Ende des zweiwöchigen Einsatzes war er jedoch wieder dabei. Er stand in der Küche und schälte Karotten.[99] Man hatte nämlich etwa achtzig leitende Persönlichkeiten eingeladen, die mit den Jugendlichen gemeinsam über die Situation in Waldenburg nachdenken sollten. Sie kamen aus der Industrie, der Gewerkschaft, der Kirche und der Universität. Hier waren alle gleich. Niemand wurde mit seinem Titel angesprochen. Nach den Mahlzeiten durfte jeder seine Meinung zur problematischen Situation in Waldenburg äußern. Die Jugendlichen bekamen Gelegenheit, ihre Ziele deutlich zu machen: »Die im Arbeitslager vereinten Arbeiter, Jungbauern und Studenten haben angesichts der Notstände im Landshuter, Waldenburg-, Neuroder-Industrie-Bezirk, die zum Zerfall der Volkskraft führen müssen, sich zusammengefunden, um trotz der notwendigen Gegensätzlichkeiten im Wirtschaftsleben die gemeinsamen Gestaltungsmöglichkeiten im Industrie-Gebiet zu erkennen …«[100]

In den kommenden Jahren folgten weitere Arbeitslager. Als Moltke jedoch merkte, dass die Arbeitsgemeinschaft zu sehr mit seiner Person verknüpft wurde, zog er sich etwas zurück, um so anderen die Möglichkeit zu eigenverantwortlichem Handeln zu geben. Die Ideen ließen dadurch nicht nach. Verschiedene Ausschüsse wurden gebildet, die sich mit unterschiedlichen Projekten befassen sollten. Nachdem ein Landwirtschaftsheim gegründet worden war, machte man sich an den Bau eines »Ledigenheims« für Bergarbeiter. Im Keller von Kreisau stapelten sich bereits Möbel, die Reichsinnenminister Severing spendiert hatte. Doch der Plan konnte nicht mehr verwirklicht werden. Die Weltwirtschaftskrise machte der Aktion einen Strich durch die Rechnung. Trotz der guten Zusammenarbeit mit den Behörden waren finanzielle Zuschüsse nun nicht mehr möglich. Auch eine andere Hoffnung zerschlug sich. Zusammen mit Karin Michaelis war Moltke zu Herman Fürst Hatzfeldt gefahren, einem der größten Großgrundbesitzer Ostpreußens.

Moltkes Absicht war es, die Waldenburger Bergleute aus der feuchten Gegend in andere Gebiete umzusiedeln. Diese mussten allerdings so günstig gelegen sein, dass der Arbeitsplatz noch bequem per Bahn erreichbar werden könnte. Der Plan hätte allerdings Millionen gekostet. Fürst Hatzfeld hielt ihn jedoch nicht für unmöglich und versprach, sich persönlich im Reichstag dafür einzusetzen, was er auch tat. Allerdings ohne Erfolg.

Die »Löwenberger Arbeitsgemeinschaft« hatte bewiesen, dass – durch das Zusammenwirken aller – regionale Missstände verbessert werden können. Das Konzept fand viel Beachtung und wurde auch in anderen Gebieten Deutschlands nachgeahmt. Was die Nationalsozialisten schließlich daraus machten, hatte allerdings nichts mehr mit dem freiwilligen, auf Solidarität beruhenden Einsatz der »Löwenberger« Idee zu tun. Als Eugen Rosenstock-Huessy 1933 in die USA emigrierte, führte er das Löwenberger Modell in die Work-Camps ein, in denen arbeitslose Jugendliche gemeinnützige Arbeit leisteten. Auch der heute noch übliche, freiwillige Dienst in der Entwicklungshilfe beruht im Grunde auf den Erfahrungen, die in Schlesien gemacht wurden. Das Bemerkenswerte an der »Löwenberger Arbeitsgemeinschaft« ist aber, dass sie als Vorläufer des Kreisauer Kreises bezeichnet werden kann. Hier kamen viele zusammen, die später mit Moltke im Widerstand an einem Strang ziehen sollten: Carl Dietrich von Trotha, Horst von Einsiedel, Adolf Reichwein, Peter Graf Yorck von Wartenburg, Theodor Steltzer, Fritz Christiansen-Weniger, Hans Peters und Otto Heinrich von der Gablentz.

Die Sanierung des väterlichen Gutes

War es Rastlosigkeit oder einfach jugendliche Neugier, die ihn trieb? 1928 war Helmuth von Moltke an vielen

Orten zu finden. Er setzte sich nicht nur für die »Löwenberger Arbeitsgemeinschaft« ein, sondern reiste mit amerikanischen Journalisten auch nach Oberschlesien, um sich vor Ort über die deutsch-polnischen Probleme zu informieren. Und davon gab es genug. Nach dem Ersten Weltkrieg sollte Deutschland Oberschlesien an Polen abtreten. Nachdem Großbritannien jedoch ein Veto eingelegt hatte, entschloss man sich, das Volk über die Gebietsaufteilung abstimmen zu lassen. Denn auch die Siegermächte waren sich uneins. England und Italien verteidigten die deutschen Interessen und wollten drei Viertel des Gebietes Deutschland zusprechen; damit war allerdings Frankreich nicht ganz einverstanden. Vor und nach der Volksabstimmung kam es zu den »Schlesischen Aufständen«. Die Folge war, dass die internationale Kommission rund zwei Drittel Oberschlesiens Deutschland und ein Drittel des Landes, einschließlich der Hauptstadt Kattowitz, Polen zusprach. Vor allem in Kattowitz stellten die Deutschen eine Randgruppe dar. Zu ihr gehörten auch viele jüdische Familien, die maßgeblich am industriellen Aufschwung der Stadt beteiligt waren. Moltke informierte sich in Kattowitz ausführlich über die Probleme der deutschen Minderheit. Sie fühlte sich an den Rand gedrängt und von der deutschen Regierung nicht genügend wahrgenommen; denn die saß im fernen Berlin und wusste kaum, wie das Leben in Kattowitz unter den veränderten Bedingungen aussah.

Anschließend fuhr Moltke nach Kroatien, um mit dem Bauernführer Stjepan Radić zu sprechen, dem rebellischen Vorsitzenden der Kroatischen Bauernpartei. Er hatte bereits 1919 eine Agrarreform durchgeführt. Von ihm wollte sich Moltke erklären lassen, wie den Bauern zu einem ausreichenden Einkommen verholfen werden könne. Von dort ging es weiter nach Heidelberg, wo Moltke eine Zusammenarbeit zwischen der Universität und der Löwenberger Arbeitsgemeinschaft organisierte.

Der viel gepriesene Heidelberger Intellekt sollte mit den Problemen des deutschen Ostens konfrontiert werden. Auch Marienbad stand auf dem Programm; hier traf sich Moltke mit dem preußischen Kultusminister Carl Becker zu einem langen Gespräch. Daneben fand Moltke noch genügend Zeit für einen Abstecher nach Grundlsee, wo er – wie schon berichtet – seine spätere Frau kennenlernte (s. S. 83). Danach kehrte Helmuth nach Berlin zurück. Er hatte sich als Volontär in der statistischen Abteilung der Berliner Handelsgesellschaft gemeldet. Doch nur einen Monat nachdem er die Stelle angetreten hatte, bat ihn sein Vater, dringend nach Kreisau zu kommen. Der Grund: Das Gut befand sich wirtschaftlich in einem katastrophalen Zustand. Wie schlimm die Situation aber wirklich war, stellte sich erst nach dem unerwarteten Tod des Verwalters heraus. Helmuths Vater sah sich plötzlich mit Schulden und Schwierigkeiten konfrontiert, die ihm über den Kopf wuchsen. Er hatte keine landwirtschaftliche Ausbildung – ebenso wenig wie sein Sohn. Dennoch traute er Helmuth James zu, das Steuer auf Kreisau gerade noch rechtzeitig herumreißen zu können. Er sollte sich nicht in ihm täuschen. Was Helmuth James vor allem im kommenden Jahr als Generalbevollmächtigter seines Vaters auf die Beine stellte, zeugt von einer schier übermenschlichen Anstrengung. Seine juristische Ausbildung kam ihm dabei zugute, denn die rechtliche Situation des Familienbesitzes war äußerst kompliziert: Zum Gut Kreisau, das der Feldmarschall seinerzeit erworben hatte, gehörten auch die benachbarten Rittergüter Nieder-Gräditz und Wierischau. Um seine Erben dauerhaft abzusichern, machte er daraus ein Fideikommiss, d.h. das Hab und Gut durfte nur als Einheit vererbt und nicht veräußert werden, um die Besitzzersplitterung durch Erbteilung zu verhindern. Der jeweilige Besitzer konnte nur über den Ertrag verfügen. Der Besitz durfte auch nicht beliehen werden. Angesichts der schwierigen wirtschaftlichen Situation in der Nachkriegszeit war eine solche Rechtsform äußerst ungünstig, da auch die beiden Vorwerke Nieder-Gräditz und Wierischau nicht verkauft werden durften. Erst 1927 konnte der Fideikommiss durch eine Gesetzesänderung aufgehoben werden.

Seit dem Ende des Ersten Weltkriegs war es mit dem Gut stetig bergab gegangen. Hinzu kam, dass der so plötzlich verstorbene Verwalter schlecht gewirtschaftet hatte. Helmuths Mutter vermutete, er sei in der letzten Zeit wohl »geistig umnachtet« gewesen, was aber niemandem weiter aufgefallen war. Aber wie sonst sollte man sich erklären, dass er manche Rechnungen zweimal bezahlt hatte, dass er zu viel Futter- und Düngemittel anschaffte und – um den überflüssigen Dünger wieder loszuwerden – die Felder überdüngte. Er bestellte die Äcker in der falschen Fruchtfolge: Weizen nach Sommergerste – das war auf schlesischem Boden ein grober Fehler, der mit Missernten bestraft wurde. Er verkaufte Weizen und Kartoffeln, die er dann nicht liefern konnte, und stellte ungedeckte Wechsel aus. In den Ställen war die Situation auch nicht viel besser. Die Kuhherde war stark dezimiert, und von dreißig Zuchtschweinen gab es nur noch achtzehn. Der Betrieb war mit 700 000 Reichsmark verschuldet.[101] Kurz: Die Lage auf Kreisau war hoffnungslos chaotisch.

Auf Gut Kreisau wurde Ackerbau und Viehwirtschaft betrieben. Auf den Böden gediehen Zuckerrüben, Kartoffeln, Erbsen, Flachs, Raps und Getreide. Die Sommergerste wurde an die Brauereien verkauft. Um der vielen Arbeit Herr zu werden, wurden permanent sechzig Leute beschäftigt. Während der Ernte mussten zusätzliche Helfer eingestellt werden. Die Tatsache, dass so viele Menschen von Kreisau abhängig waren, belastete Helmuth James von Moltke sehr. An Freya schrieb er im Juni 1930: »Jetzt kommen zehn sehr schlimme Tage, denn ich muss über Kündigungen und Entlassungen beraten … Ich bin nämlich mit dem Vorsatz an die Lohnregister herangegangen, 10 000–15 000 RM im Jahr herauszustreichen. Das ist furchtbar, weil es sich in lauter Kleinigkeiten auswirkt ... Ich bin infolgedessen in der miesesten Laune; denn zum Vollstrecker des kapitalistischen Systems zu werden gegen seine Überzeugung, ist wohl unangenehm ...«[102] Gegenüber dem Sozialdemokraten Franz Josef Furtwängler soll sich Moltke geäußert haben, der Großgrundbesitz sei weder moralisch noch politisch zu verteidigen.[103] Helmuth James von Moltke arbeitete hart – zehn bis zwölf Stunden am Tag, und das über viele Monate hinweg. Seine Mutter machte sich Sorgen. Er sei »dünn wie ein Brett«[104], schrieb sie an ihre Eltern. Manchmal versank er in einen Zustand, den man durchaus als depressiv bezeichnen konnte. Das Leben erschien ihm sinnlos, all seine Mühe vergeblich. Dann wieder war er die starke, positive Persönlichkeit, die voller Tatendrang steckte. Diese Zwiespältigkeit war nicht aus der Situation geboren; sie gehörte zu seinem Wesen, und er wusste darum. Er bezeichnete sich selbst einmal als »komplizierten« Menschen.

Das Weihnachtsfest in diesem Jahr fiel sehr bescheiden aus. Helmuth rechnete mit dem Konkurs. Trotzdem feierte die Familie so fröhlich »wie noch nie«.[105] Längst war die Familie in das nahe gelegene »Berghaus« gezogen, um Geld zu sparen. Helmuths Mutter fiel es erstaunlich leicht, das repräsentative Schloss gegen das bescheidenere, aber gemütliche Nebengebäude einzutauschen. Aber es kostete zu viel Geld, die großen Räume im Schloss zu beheizen; das Berghaus passte besser zu ihrer finanziellen Situation.

Mit Umschuldungen, einer straffen Organisation und einem Kunstgriff gelang es Helmuth James, den drohenden Konkurs von Kreisau abzuwenden. Er schlug den Gläubigern vor, das Gut in eine Gesellschaft mit beschränkter Haftung umzuwandeln, die zugunsten der Gläubiger arbeiten sollte. Er selbst übernahm zusammen mit einem Inspektor die Leitung des Gutes. Um die

Schulden abzuzahlen, musste die Familie auf sämtliche Betriebseinnahmen verzichten. Sie hatte nur noch Anspruch auf Naturalien, mehr aber auch nicht. 1929 glaubte Helmuth James, dass dieser Zustand mindestens zwanzig Jahre dauern werde. Doch bereits im Januar 1942 war der Besitz wieder schuldenfrei.

Referendar, Assessor – und was nun?

Im Juni 1930 hatte Helmuth James von Moltke das Gut so weit im Griff, dass er seine juristische Ausbildung fortsetzen konnte. Er war nun Referendar und fuhr täglich ins Amtsgericht Reichenbach, das zwanzig Minuten von Kreisau entfernt lag. Später war er in Schweidnitz beschäftigt. Da er weiterhin Generalbevollmächtigter seines Vaters war, ergab sich ein tägliches Arbeitspensum von achtzehn bis neunzehn Stunden. Er schaffte es, die anfallenden Aufgaben in nur vierzehn Stunden zu erledigen, doch auch das war immer noch anstrengend genug.

1931 heirateten Helmuth James und Freya. Die Gründe waren mehr praktischer Natur. Beide hatten es eigentlich nicht eilig mit der Hochzeit, da sie noch in der Ausbildung steckten. Helmuth James hatte auch große Bedenken, Kinder in die Welt zu setzen. Das könne man nicht mehr verantworten, meinte er. Er ging von sich aus: Wenn man ihn gefragt hätte, ob er leben wolle – er hätte es abgelehnt.[106] Da war er wieder, sein leichter Pessimismus, der von Zeit zu Zeit durchbrach. Doch nun wollte Helmuths Mutter für ein halbes Jahr zu ihren Eltern nach Südafrika. Freya sollte sie vertreten und sich um Helmuths jüngere Geschwister kümmern. Am 18. Oktober 1931 heirateten sie also – in bescheidenem Rahmen. Die Zeiten waren schlecht. Helmuths Eltern konnten nur mit seinem Bruder Willo nach Köln kommen; für alle Kinder hätte das Geld nicht gereicht. Doch auch im Hause der

Braut sah es nicht viel besser aus: Wenige Tage vor der Hochzeit hatte die Bank ihres Vaters die Schalter geschlossen; sie befand sich in Zahlungsschwierigkeiten. Die Weltwirtschaftskrise steuerte unaufhaltsam ihrem katastrophalen Ende entgegen. Freyas Vater lag bei der Hochzeit seiner Tochter mit einer Lungenentzündung im Bett. Drei Tage später starb er.

Freya Deichmann war zur Unabhängigkeit erzogen worden, was in der damaligen Zeit nicht unbedingt selbstverständlich war. Diese Unabhängigkeit konnte sie auch als junge Ehefrau pflegen. Als Erstes immatrikulierte sie sich in der Breslauer Universität, um ihr in Köln begonnenes Jurastudium fortzusetzen. Um den Haushalt kümmerte sich überwiegend die »Mamsell«, eine verwitwete Bäuerin, die schon lange bei der Familie Moltke in Stellung war. Drei Stunden pro Tag verbrachte Freya meistens im Gutsbetrieb.[107] Im ersten Winter auf Kreisau lernte sie nicht nur, wie man richtig Bridge spielte, sondern auch, sich durch lange Statistiken zu quälen. Sie handelten von den arbeitslosen Bergleuten in Waldenburg – ein Problem, das ihren Mann nach wie vor beschäftigte.

Moltke und der neue Verwalter arbeiteten gut zusammen. Helmuth James behielt zwar die Oberaufsicht, konnte sich aber aus Kreisau etwas zurückziehen. Das junge Paar zog, nachdem Dorothy wieder zurück war, nach Berlin in die Nähe des Tiergartens. Die Wohnung war winzig, aber Freya genoss es, weil sie ihren Mann nun das erste Mal ganz für sich allein hatte. Sie setzte ihr Studium in Berlin fort. Helmuth James musste während seines Referendariats noch ein Praktikum in einer Anwaltskanzlei und an einem Oberlandesgericht absolvieren. Beides ließ sich in Berlin am besten verwirklichen. Dort erlebten sie auch Hitlers Machtergreifung. Helmuth James ahnte, dass dieser Tag der Beginn einer langen Katastrophe sein würde. Er gehörte zu den wenigen, die das Buch »Mein Kampf« gelesen hatten. Und er wusste, dass es Hitler ernst mit seinen Ansichten war – bitterernst. Während die Anhänger der Nationalsozialisten mit brennenden Fackeln in einem endlosen, feierlichen Zug durch das Brandenburger Tor pilgerten, wusste Moltke, was die Stunde geschlagen hatte: Dies war nicht nur das Ende der Weimarer Republik, sondern auch das Ende des Rechtsstaats. Sukzessive wurde die Freiheit, das kostbarste Gut der Menschen, beschnitten. Bereits Anfang April 1933 kam es zu ersten Boykottmaßnahmen gegen jüdische Geschäfte und Einrichtungen. Mit der Einführung des Arierparagrafen wurde der Antisemitismus quasi per Gesetz verordnet. Und auch das Gesetz zur Wiederherstellung des Berufsbeamtentums ließ keinen Zweifel daran, wohin die Reise mit Hitler gehen würde. Der öffentliche Dienst wurde gleichgeschaltet. Wer nicht arischer Abstammung war oder wer als Gegner des Nationalsozialismus galt, wurde in den Ruhestand versetzt oder kurzerhand aus dem Beamtendienst entlassen. Auch am Berliner Kammergericht, an dem Moltke einen Teil seines Praktikums absolvierte, war fast die Hälfte der Richter von diesen Maßnahmen betroffen. Moltke bekam die Veränderungen am eigenen Leibe zu spüren. Bevor er die Zweite Staatsprüfung ablegen durfte, musste er am Ende seiner Referendarsausbildung an einem militärisch-weltanschaulichen Schulungslager in Jüterborg teilnehmen. Zusammen mit anderen Juristen ließ er die Indoktrinationsversuche der neuen Machthaber über sich ergehen: »… Wir wurden belehrt, dass die mittelalterlichen Kaiser Verräter am deutschen Volksblut gewesen seien, indem sie, statt den artgemäßen Kolonisationsdrang nach dem Osten zu befriedigen, nach dem Süden zogen. Das könne nur auf rassische Verschlechterung des deutschen Kaiserblutes zurückzuführen sein, denn, so fragte der Vortragende rhetorisch, welcher Deutsche hat je einen Zug nach dem Süden verspürt? Mit mir hoben sofort drei andere die Hände und diesen schlossen sich wenigstens 40 von insgesamt 58 Mann an. Wir sagten, wir hielten uns für vollständig arisch, über die Abstammung des Feldmarschalls Moltke hätten wir erst vorgestern einen Vortrag gehört, ich könnte daher durchaus als Kronzeuge für die deutschen Kaiser auftreten. – Der Mann war völlig aus dem Gleichgewicht gebracht …«[108]

Auch beim Vortrag über die Juden widersprachen Moltke und seine Gefährten heftig, sodass schließlich auf den weltanschaulichen Unterricht verzichtet wurde und die jungen Juristen stattdessen Schallplatten hören konnten. Nach sechs Wochen war der Spuk vorbei. Dem Assessorexamen stand nun nichts mehr im Wege. Moltke bestand es mit »befriedigend«, doch was sollte er nun als voll ausgebildeter Jurist anfangen? Eigentlich wäre er gern Richter geworden wie sein Großvater, den er so sehr verehrte. Aber eine Beamtenlaufbahn kam aufgrund der politischen Verhältnisse nun nicht mehr in Frage.

Zunächst einmal trat er mit Freya die längst geplante Reise zu den Großeltern nach Südafrika an. Ihre Heimat war ihnen zu eng, zu unerträglich und bedrückend geworden. Es konnte überall nur besser sein als hier. Das halbe Jahr in Südafrika gab ihnen das fast vergessene Gefühl von Freiheit wieder. Von dem Apartheidproblem war damals noch nicht allzu viel zu spüren. Unterdessen nahmen die barbarischen Methoden der neuen Regierung in Deutschland immer drastischere Formen an. Das Massaker an Ernst Röhm und der SA-Führung schreckte auch das Ausland auf. Erstmals wurde wahrgenommen, wozu Hitler fähig war. In Kreisau vernichtete Helmuths Mutter aus Angst vor den Nazis und einer Hausdurchsuchung alle Bücher, die Helmuth James schaden könnten.

Warum kehrten Helmuth James und Freya von Moltke zurück? Warum blieben sie nicht in Südafrika, so wie es ihnen von manchen geraten wurde? Beide hielten es für selbstverständlich, dass sie Deutschland nicht dauerhaft den Rücken kehren wollten. Deutschland war ihre Heimat, dort waren sie verwurzelt. Helmuth fühlte sich nicht nur für das Gut verantwortlich, sondern auch für seine jüngeren Geschwister. Wäre es nicht feige, sich elegant aus der Affäre zu ziehen und die Daheimgebliebenen im Stich zu lassen? Gab es nicht so etwas wie eine moralische Pflicht, sich der Schreckensherrschaft der Nazis zu widersetzen und denen zu helfen, die Opfer des Regimes wurden? Auf der Heimreise verbrachte das junge Paar noch einige Wochen in England bei Freunden der Familie Rose-Innes. Aber auch diese Zeit war irgendwann vorbei. Im Herbst 1934 kehrten Freya und Helmuth James wieder nach Deutschland zurück. Und da meldete sie sich erneut – diese bohrende Frage nach der Zukunft. Was sollte Helmuth von Moltke tun? Wo sollte, wo konnte er als Jurist arbeiten?

Freya wollte zunächst in Berlin bleiben, um dort ihr juristisches Studium mit der Promotion zu beenden. Helmuth James wollte nach Kreisau weiterfahren, um dort nach dem Rechten zu sehen. Die Angelegenheiten auf dem Gut würden mehrere Monate in Anspruch nehmen. »Danach kommt das große Fragezeichen«, schrieb er an Karin Michaelis. »Ich kann natürlich als Gutsbesitzer auf dem Lande leben und mich mit Philosophie beschäftigen, aber dann versumpfe ich entweder oder ich ende im Irrenhaus. Mit irgendwelchen öffentlichen Angelegenheiten innerhalb Deutschlands kann ich mich nicht befassen, weil ich mit der Regierung nicht übereinstimme, und für eine Opposition der falschen Klasse angehöre; das bequeme Mittelding der intellektuellen Opposition gibt es nicht mehr. Ich weiß also wirklich nicht, was ich tun soll …«[109]

Er entschloss sich, als Anwalt zu arbeiten und in dieser Angelegenheit Opfern des braunen Terrors zu helfen. Schweidnitz, der nächstgrößere Ort von Kreisau aus, kam dafür allerdings nicht in Frage. Hier wäre seine antinationalsozialistische Gesinnung zu schnell ans Licht gekommen. In Karl von Lewinsky fand er einen älteren Anwalt, der sich bereit erklärte, ihn in seine Kanzlei für Internationales Recht aufzunehmen. Hier lag Moltkes Interessengebiet. Bisher hatten sich hauptsächlich jüdische Juristen mit dieser Materie befasst. Nun durften sie ihren Beruf nicht mehr ausüben. Die Kanzlei lief langsam an. Es war eine angenehme Tätigkeit, in erster Linie musste er schriftliche Gutachten erstellen und nur selten bei Gericht erscheinen. Moltke bekam auch immer öfter Gelegenheit, auswanderungswillige Juden zu beraten. Jene, die noch zögerten, versuchte er zu überzeugen, dass es das Beste für sie sei, Deutschland möglichst weit hinter sich zu lassen.

Moltke suchte nach einer Tätigkeit, die es ihm erlaubte, Deutschland hin und wieder legal verlassen zu dürfen. Im Frühjahr 1935 brach er deshalb zu einer Informations- und Inspirationsreise auf. Er wollte sich erkundigen, welche Arbeitsmöglichkeiten es außerhalb Deutschlands für ihn gab. In Basel besuchte er die Bank für Internationalen Zahlungsausgleich; in Bern hatte er ein langes Gespräch mit dem deutschen Gesandten. Auch der Völkerbund in Genf interessierte ihn; nach dem Besuch zeigte er sich jedoch enttäuscht. Dessen Personalpolitik war seiner Meinung nach schuld an der Misere des Völkerbundes. »Es wimmelt von Bürokraten, aber es fehlen Menschen von Format völlig«[110], bemängelte er. Aussichtsreicher war da schon das Gespräch mit dem Geschäftsführer am Haager Gerichtshof, der »Cour Permanente«. Er riet ihm, eine Dissertation über die völkerrechtliche Bedeutung des britischen »Privy Council« zu schreiben. Diese oberste Instanz für Verfassungsfragen im Commonwealth sollte langfristig als Richtschnur für den Haager Gerichtshof dienen. Doch bei Moltkes anschließenden Aufenthalt in London ergaben sich andere Zukunftspläne. Er hielt es für vielversprechender, in

England noch einmal ein juristisches Studium zu beginnen, mit dem Ziel, »barrister« zu werden. In England gibt es zwei verschiedene Formen des Rechtsanwaltsberufes. Nur der »barrister« darf seine Mandanten vor Gericht vertreten. Zuvor muss der Mandant aber den »solicitor« aufsuchen, der den Fall dann dem »barrister« vorträgt. Der »solicitor« übernimmt darüber hinaus auch alle notariellen Aufgaben.

Die Ausbildung zum »barrister« bedeutete, dass Moltke im Lauf seines Studiums eine Reihe weiterer Prüfungen zu absolvieren hatte. Vor allem aber musste er sich einer der Rechtsgilden anschließen, was die Teilnahme an mehreren gemeinsamen Abendessen erforderte. Helmuth trat – wie sein Großvater – dem »Inner Temple« bei und hatte so einen guten Grund, mehrmals im Jahr aus Deutschland herauszukommen. Zugleich gab ihm die Ausbildung das Gefühl, notfalls auch außerhalb Deutschlands sein Geld verdienen zu können.

1935 starb völlig überraschend seine Mutter. Kurz zuvor hatte Dorothy von Moltke noch ihre Eltern in Südafrika besucht. Sie wurde nur 51 Jahre alt. Ihr Tod hinterließ in der Familie eine große Lücke. Gerade zu Helmuth, ihrem ältesten Sohn, hatte immer eine ganz besonders innige Verbindung bestanden. Sein Vater litt so sehr unter der Einsamkeit, dass er zwei Jahre später erneut heiratete, was Helmuth James ihm nie ganz verzieh.

Während seiner Zeit in London kam Moltke mit vielen wichtigen und interessanten Persönlichkeiten zusammen. Unter ihnen waren auch etliche Anhänger der Appeasement-Politik, eine Richtung, die Moltke für völlig falsch hielt und hartnäckig bekämpfte. Einer von ihnen, Lord Lothian, der überdies ein Anhänger der Christian-Science-Bewegung war, hatte gar in der »Times« zwei Artikel veröffentlicht, in denen er schrieb, Hitler sei für den Frieden. Lothian und seine Freunde waren davon überzeugt, dass die extremen Nazis mit der Zeit ver-

Alfred Delp, Abiturklasse Dieburg, 1926

Alfred Delp als Redakteur um 1943

Alfred Delp als Novize

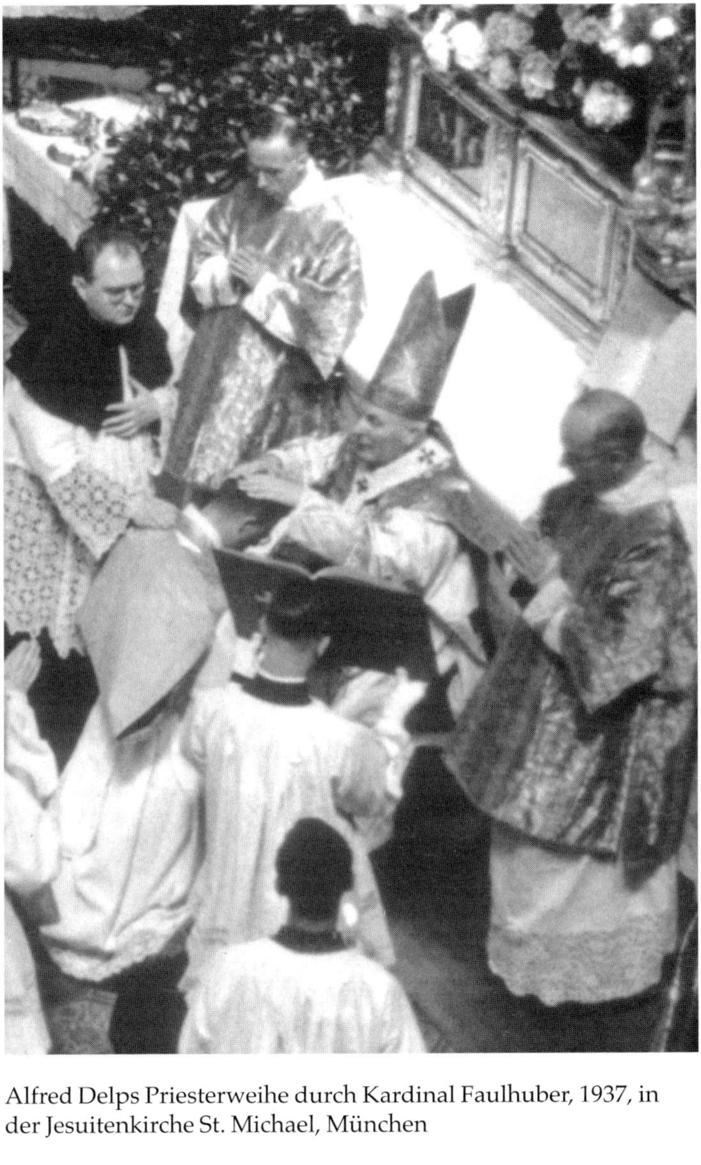

Alfred Delps Priesterweihe durch Kardinal Faulhuber, 1937, in der Jesuitenkirche St. Michael, München

Alfred Delp vor dem Volksgerichtshof Berlin, 1945;
rechts neben ihm: Helmuth James Graf von Moltke

Gefängnis Berlin Plötzensee

Helmuth James Graf von Moltke
auf dem Dach der Schwarzwaldschule

1938 Weihnachten in Kreisau, mit Sohn Caspar

1930 Ferien am Grundlsee,
Eugenie Schwarzwald, Helmuth James u. Freya

Helmuth James Graf von Moltke vor dem Volksgerichtshof 1945

Das neue Kreisau: Bildungs- und Begegnungsstätte Kreisau heute

schwinden würden und sich nur die gemäßigte Richtung durchsetzen würde. Dazu könne eine Politik der Zugeständnisse, der Nachgiebigkeit und der Beschwichtigung beitragen. Moltke hielt eine solche Einstellung für fatal. Wie recht er hatte, zeigte schon die Besetzung des Rheinlands und später der Anschluss Österreichs sowie die Annexion des Sudetenlandes.

Mit Sorge beobachtete Moltke auch, wie der Kirche in Deutschland der Maulkorb verpasst wurde. Als Hitler an die Macht kam, bekannten sich 62,7 Prozent der Deutschen zur evangelischen und 32,5 Prozent zur katholischen Kirche. Er war daher bemüht, den Einfluss der Kirchen einzudämmen. Hätten die Kirchen mit vereinten Kräften ihre Macht genutzt, hätte Hitler seine Schreckensherrschaft nicht ausbauen können. Doch die protestantische Kirche war gespalten, und es gab zu viele Christen, die den Nationalsozialismus begrüßten. Vor allem die »Deutschen Christen« ließen sich willfährig vor den nationalsozialistischen Karren spannen. Der »Arierparagraf« sollte auch für protestantische Geistliche gelten. Nach den Kirchenwahlen im Juli 1933 stellten sie die Bischöfe in fast allen evangelischen Landeskirchen, und Ludwig Müller wurde Reichsbischof. Dagegen protestierte allerdings die Bekennende Kirche, allen voran Pfarrer Martin Niemöller, der bald darauf auch ins Konzentrationslager deportiert wurde. Sie verweigerte Müller den Gehorsam und verhinderte somit die Gleichschaltung der Reichskirche.

Obwohl Moltke zu jener Zeit seinen Glauben nicht wie ein Banner vor sich hertrug, bemühte er sich, in Großbritannien Verbündete zu finden. Er versuchte, Bischof Headlam von Gloucester zu einem Protest zugunsten der evangelischen Kirche zu bewegen. Er war Vorsitzender des Auslandsausschusses der anglikanischen Kirche. Doch Moltke hatte sich in ihm geirrt. Bischof Headlam war nämlich ein Anhänger der deutschen Nationalsozialisten, und die Protestnote blieb aus. Ende September 1938 machte Moltke in England sein Abschlussexamen und erhielt die Zulassung zum »barrister«. Immer noch unschlüssig, wie es beruflich für ihn weitergehen würde, trennte er sich im Frühjahr 1938 von seinem Partner und schloss sich der Kanzlei von Paul Leverkuehn an. Hier arbeiteten mehrere Juristen, die Moltke während seines Auslandsaufenthaltes auch vertreten konnten. Er wusste, dass die Nazis ihm auf Dauer nicht gestatten würden, ständig zwischen England und Deutschland hin- und herzupendeln. Er litt unter seiner Unentschlossenheit. Sein Wunsch war es, diejenigen zu unterstützen, denen er sich »zugehörig« fühlte. Er wollte »auf der richtigen Seite sein, was immer es für Unannehmlichkeiten, Schwierigkeiten und Opfer mit sich bringen«[111] mochte. Aber – wo war die richtige Seite?

Die Reichskristallnacht am 9. November 1938 führte dazu, dass viele Juden Hals über Kopf Deutschland verlassen wollten. Moltke erledigte unter hohem Zeitdruck endlose Formalitäten für die Betroffenen. Ab dem 1. Dezember durfte er keine Juden mehr vertreten. Illegal arbeitete er für sie weiter. Im Sommer des folgenden Jahres mietete er sich ein Büro in London und bestellte die Möbel. Es schien, als habe er sich nun endlich zu einer Entscheidung durchgerungen. Und dann kam der Krieg.

III. Lebenswende

a. »Der Mensch muss Geschichte machen ...« – Alfred Delp

Die »Brut von Bogenhausen«

Im Gegensatz zur evangelischen Kirche war die Haltung der Katholiken in Deutschland kaum von internen Konflikten belastet. Eine Spaltung wie bei den Protestanten gab es nicht. Die katholische Kirche ergriff nicht Partei für die nationalsozialistische Ideologie, wie es die »Deutschen Christen« taten, sie bekämpfte sie allerdings auch nicht. Als katholische Theologen wie Karl Eschweiler oder Hans Barion in die NSDAP eintraten und die Zwangssterilisation bei Erbkranken bejahten, entzog ihnen Rom vorübergehend die Lehrerlaubnis; das Gesetz selbst wurde jedoch nicht kritisiert. Bischof Clemens August Graf von Galen, Kardinal Michael von Faulhaber und auch Alfred Delp predigten öffentlich gegen die Euthanasie; von Galen konnte sogar erreichen, dass das Gesetz zeitweise ausgesetzt wurde. Trotz der deutlichen Worte in der Enzyklika »Mit brennender Sorge« gab es innerhalb der katholischen Kirche auch keine erklärte Opposition gegen den Holocaust. Es waren immer nur einzelne Priester, die ihr Leben für die Juden riskierten, wie zum Beispiel Bernhard Lichtenberg, Maximilian Kolbe, Rupert Mayer und – Alfred Delp.

Ab 1939 mussten viele jüdische Familien ihre Wohnungen aufgeben. Sie wurden in »Judenhäusern« zusammengelegt. Vom 15. September 1941 an waren sie verpflichtet, einen gelben Stern zu tragen, der für die Öffentlichkeit klar erkennbar auf der Kleidung aufgenäht war. In ihren Reisepässen stand unübersehbar ein großes »J«. Bei Frauen wurde als zusätzlicher Vorname »Sara«, bei Männern »Israel« eingetragen. Jeder, der mit Juden befreundet war, riskierte, aus »erzieherischen Gründen« ebenfalls in ein Konzentrationslager eingewiesen zu werden. Die Diskriminierung ging sogar so weit, dass die Juden nur noch während einer bestimmten Stunde am Tag einkaufen durften, damit die arische Bevölkerung möglichst nicht mit ihnen in Kontakt geriet. Ab April 1942 durften nur noch »Arier« öffentliche Verkehrsmittel und öffentliche Telefone benutzen. Vom Oktober 1941 an war es den Juden verboten, den Machtbereich der Nazis zu verlassen. Gleichzeitig begann im Herbst die systematische Deportation der jüdischen Bevölkerung. Offiziell nannte man diese Aktionen »Umsiedlung«, »Evakuierung« oder »Arbeitseinsatz«. Benachteiligt wurden die Juden auch bei der Zuteilung der Lebensmittel. Sie erhielten zwar Lebensmittelkarten, ihre Rationen waren aber kleiner als die der »Arier«. Fleisch, Eier und Milch fielen ab September 1942 für Juden ganz weg.

Pater Alfred Delp tat alles, um Juden trotz der erschwerten Bedingungen ins rettende Ausland zu bringen. Er wusste, dass er sich dabei selbst in Gefahr begab. Verfolgte Juden fanden dank seiner Hilfe vorübergehend Zuflucht im oberbayerischen Feldkirchen. Dort gab es ein Heim der Katholischen Jugend, wo sie übernachten konnten. Er besorgte ihnen Lebensmittelkarten und Geld. Die meisten Juden betrachteten die Schweiz als das »gelobte Land«. Schafften sie es, über die grüne Grenze zu kommen, waren sie gerettet. Ständig mussten neue Fluchtwege ausgeheckt werden. Dabei war Delp auch auf die Hilfe seiner Sekretärin Luise Oestreicher angewiesen. Sie war mit Gertrud Luckner befreundet, die in Freiburg bei der Caritas arbeitete und sich darauf »spezialisiert« hatte, Verfolgte über die Grenze zu bringen. Als Geheimtipp galt die Gegend um Singen am Hohentwiel. Von hier aus versuchten viele, den Schweizer Kanton Schaffhausen zu erreichen. Die Grenze verlief durch schwer kontrollierbare Waldgebiete. Vom österreichischen Feldkirch aus gab es die Möglichkeit, auf einen Güterzug aufzuspringen – ein besonders waghalsiges Unternehmen, das bei den Flüchtlingen auch eine gewisse Fitness voraussetzte. Etliche katholische Pfarrer im Grenzgebiet betätigten sich als Schleuser. In eine Hilfsaktion waren unzählige Helfer involviert, die ständig damit rechnen mussten, von der Gestapo entdeckt zu werden, was auch tatsächlich in einigen Fällen geschah. Als Delp im »Kreisauer Kreis« aktiv wurde, gab er seine Flüchtlingshilfe auf. Er fürchtete, andere Menschen zu gefährden.

Bevor Delp nach dem »Klostersturm« in Bogenhausen als Kirchenrektor eine neue Aufgabe fand, konnte er sich am Simssee im Chiemgau etwas erholen. Hier hatte er Freunde. Schon oft hatte er im malerischen Wolferkam seinen Urlaub verbracht. Außerhalb dieser Zeit gingen Briefe hin und her. Zurück in München, schrieb er an seine Gastgeber: »Ihr guten Leute, nun bin ich schon fast wieder eine Woche in München und komme mir beinahe undankbar vor, dass ich noch nichts habe hören lassen. Ich wollte Ihnen gleich etwas von den versprochenen Sachen schicken, aber zunächst ging alles so durcheinander, dass ich erst einige Tage brauchte, um mich einzugewöhnen und aus dem Raum, in dem ich wohne, ein Zimmer zu machen. Allmählich bin ich so weit. Es ist ja anfangs ein komisches Gefühl, keine Mitbrüder mehr um sich herum zu haben, sondern allein zu hausen …«[112]

Es war in der Tat eine Umstellung für Delp. Die kleine Barockkirche St. Georg mit dem hübschen Pfarrhaus wirkte wie eine Insel der Seligen inmitten der Großstadt. Ein Villenviertel, in dem einst viele wohlhabende Juden wohnten, die man nun vertrieben hatte. In ihren Häusern hatten sich nun Nazifunktionäre niedergelassen, sodass Bogenhausen im Volksmund als »Bonzenhausen«

oder »Oberbonzenhausen« bezeichnet wurde. Einige der alteingesessenen Familien beobachteten den Jesuitenpater argwöhnisch. Delp konnte nie wissen, ob sich unter seinen Gottesdienstbesuchern Spitzel eingeschlichen hatten. Zu seinen Vertrauten zählte die Familie Kreuser. Gemeinsam hörten sie heimlich die verbotenen Auslandssender.

Da St. Georg zur Pfarrei Heilig-Blut gehörte und von dieser auch betreut wurde, kam Delp nur die Rolle des Aushilfspriesters zu. Seine Predigten waren gut besucht; sie wurden mitgeschrieben und weitergereicht und – so Kardinal Friedrich Wetter – zu einem »Geheimtipp unter engagierten Katholiken in München«. Delp verstand es, den Menschen in den trostlosen Zeiten Mut zuzusprechen. Aber er konnte auch eindeutig Stellung beziehen und der nationalsozialistischen Ideologie Paroli bieten. So hielt er 1941 zum Fest Allerheiligen eine flammende Predigt gegen den Euthanasie-Propagandafilm »Ich klage an«. Wortgewaltig und mit beeindruckendem Ernst geißelte er die ganze Haltung des Films als Lüge. Er sei ein »Appell an die Tränendrüsen«, durch den »das Publikum eingelullt wird und ihm durch Mitleid die Kraft genommen wird, den Dingen sich ernst zu stellen ... Nehmt den Menschen die Fähigkeit, ihre Kranken zu pflegen und heilen zu können, ihr macht aus den Menschen ein Raubtier, ein egoistisches Raubtier ... Darum ist das Ganze nicht nur Lüge, Flucht, es ist Rebellion, es ist Empörung, Eingriff in Rechte, die einfach unantastbar stehen müssen, wenn nicht der ganze Kosmos zusammenbrechen soll ...«[113]

Neben seinen Gottesdiensten fand Delp noch genügend Zeit, weiterhin seiner schriftstellerischen Tätigkeit nachzugehen und sich um die Jugendarbeit zu kümmern. Die war eigentlich verboten. Delp gelang es jedoch, sie geschickt zu tarnen. Die Gruppenstunden waren so beliebt, dass sogar einige Jungen kamen, die zur HJ gehörten, was unter gar keinen Umständen auffallen durfte. Die Jugendlichen bewunderten den mutigen Pfarrer. Es war kein Geheimnis, dass er den Nationalsozialismus ablehnte. Für viele wurde er schnell zum Vorbild – auch für den damals 14-jährigen Karl Kreuser, der später in Delps Fußstapfen trat und ebenfalls Jesuit wurde. Die Jugendlichen wussten, dass die Gestapo Delp im Visier hatte und dass er sich den Anordnungen des Staates widersetzte. Ein Beispiel dafür war die »Kreuzaktion«. Im Herbst 1941 mussten auf Veranlassung der nationalsozialistischen Schulbehörden die Kreuze aus den Klassenzimmern entfernt werden. Das rief die Mütter und die Schüler auf den Plan. Aus Protest hängten sie in der Gebele-Volksschule und im Wilhelmsgymnasium neue Kreuze auf – Kreuze, die Pater Delp zuvor gesegnet hatte. Kreusers Mutter hatte er persönlich zu der Aktion ermutigt. Er ließ ihr eine Postkarte zukommen, auf der David zu sehen war, wie er mit der Schleuder auf Goliath zielte. Delp hatte darunter geschrieben: »Schleudern Sie gut! Ich bete und bin in Gedanken bei Ihnen – Delp.« Die Kreuze wurden jedoch schon am Nachmittag wieder beseitigt. Gegen die Mütter lief eine Anzeige bei der Gestapo; einige der beteiligten Schüler erhielten Schulverbot, das allerdings nach vierzehn Tagen wieder aufgehoben wurde. Auch Karl Kreuser war davon betroffen und wurde vierzehn Tage vom Unterricht ausgeschlossen. Delp erteilte ihm in dieser Zeit Nachhilfeunterricht in Latein, damit er den Anschluss nicht verlor. Der damalige bayerische Staatsminister für Unterricht und Kultus, Adolf Wagner, nahm die Aktion zum Anlass, auf die »Brut von Bogenhausen«[114] zu schimpfen. Auch wenn Delp bei der ganzen Sache nicht öffentlich in Erscheinung getreten war, konnte sich Wagner denken, dass der Jesuit die kleine Revolution unterstützt hatte.

Einmal monatlich hielt Delp eine Messe für Männer ab. Allerdings brachte ihn dies mehrfach zur Verzweiflung, da ihm der Rahmen nicht feierlich genug war: Die Gebete wurden ihm zu sehr heruntergeleiert, der Gesang war alles andere als erhaben. Von »religiöser Ermunterung und Anregung«[115] war da nicht viel zu spüren.

Auch während der Bombenangriffe zeigte sich Delps außergewöhnliches Engagement. München war neben Berlin die Stadt, in der die Menschen während des Krieges die meiste Zeit in Kellern verbringen mussten. Kein Wunder: Hier fanden sich die großen Rüstungsbetriebe wie BMW und Dornier. München gehörte somit zu den bevorzugten Zielen alliierter Bomber. Dennoch hatten die braunen Machthaber kaum vorgesorgt. Von den geplanten 169 Luftschutzräumen war bei Kriegsbeginn nicht einmal ein Viertel fertiggestellt. Auch die Bevölkerung erkannte den Ernst der Lage nicht von Anfang an. Die ersten Luftangriffe am Stadtrand Münchens wurden weitgehend ignoriert. Zahlreiche Münchner pilgerten am Wochenende in den Englischen Garten, falls wieder einmal die Rede von einem Bombentrichter war. Er wurde ausgiebig bestaunt, von Angst war kaum etwas zu spüren. Umso größer war der Schock, als im Sommer 1942 die ersten Angriffe über die Stadt hereinbrachen. In den nächsten dreieinhalb Jahren gab es 1600 Mal Luftalarm, 73 Luftangriffe, davon zwei Dutzend mit verheerender Wirkung. Rund 6500 Münchner wurden durch die Angriffe getötet; 300 000 verloren ihre Wohnung.

Delp verließ oft schon vor der Entwarnung den Luftschutzkeller, was verboten war, und machte sich auf die Suche nach Verschütteten. Mit dem Rad sah man ihn durch Bogenhausen fahren und im Arbeitsanzug von einem zerstörten Haus zum anderen eilen. Weil er handwerklich sehr geschickt war, versuchte er, die gröbsten Schäden zu beheben und zu reparieren. Als das Haus der Familie Graßl Anfang Oktober 1943 von einer Luftmine völlig zerstört wurde, war es Pater Delp, der dafür sorgte, dass die Familie bis auf die älteste Tochter gerettet werden konnte. Die Bewohner lagen die ganze Nacht unter den Trümmern. Der Luftschutz glaubte, hier käme jede Hilfe zu spät, und kümmerte sich nicht mehr um sie. Alfred Delp griff sich beherzt ein paar Männer, und sie begannen unermüdlich zu graben. Als endlich die Feuerwehr eintraf, kommandierte Delp die Einsatzkräfte herum, was diese sich natürlich nicht gefallen ließen. Von einem Pfaffen, einem Jesuiten noch dazu, wollten sie sich nichts sagen lassen.

Delp wehrte sich gegen ein Christentum, das sich in frommen Worten erschöpfte. Praktisch zu helfen war für ihn ein Muss. Es schien, als sei er ständig von der Frage getrieben: Welche Not kann ich lindern? Die soziale Frage wurde immer wieder zum Gegenstand seiner Schriften und Predigten. »Dienen in Demut« lautete seine Devise. Mit Vorliebe zitierte er das Jesuswort aus Markus 10,45: »Der Menschensohn ist nicht gekommen, sich bedienen zu lassen, sondern zu dienen.« Die Kirche könne nur dann wieder an Glaubwürdigkeit gewinnen und den Weg zum Menschen finden, wenn sie sich Jesus zum Vorbild nehme. »Es wird kein Mensch an die Botschaft vom Heil und vom Heiland glauben, solange wir uns nicht blutig geschunden haben im Dienste des physisch, psychisch, sozial, wirtschaftlich, sittlich oder sonstwie kranken Menschen«,[116] so Delp. Er nahm damit einen Gedanken vorweg, der später zum zentralen Thema der Befreiungstheologie werden sollte und auch im II. Vatikanischen Konzil explizit angesprochen werden sollte: die Solidarisierung mit den Notleidenden. Gottesliebe und Nächstenliebe gehörten für Delp untrennbar zusammen. Eine Verkündigung, in der die diakonische Dimension keine Rolle spielt, war seiner Meinung nach ein sinnentleertes Ritual.

Bogenhausen wurde aber auch zum Schauplatz zahlreicher anderer Aktivitäten Delps. Er organisierte Einkehrtage für junge Menschen und Veranstaltungen für Ordensfrauen. Etliche Teilnehmer erinnerten sich später noch an Delps Ernsthaftigkeit. Neben der Ermutigung zum Widerstand ging es ihm immer auch um das »Danach« – um die Zeit nach dem Ende der Diktatur. Seine Vortragstätigkeit führte ihn in zahlreiche Städte. Von Königsberg bis Wien reiste er im Land umher, um mit Vorliebe über geschichtstheologische Themen zu sprechen. Daraus entstand auch sein bereits erwähntes Werk »Der Mensch und die Geschichte« (s. S. 71 ff.). Im Kern geht es dabei um die Frage, inwieweit der Mensch Einfluss auf die Geschichte nehmen kann. Dabei ist es Delp wichtig zu sehen, dass die eigene Lebensgeschichte Teil der großen Weltgeschichte ist und dass diese wiederum zu Gottes Heilsgeschichte gehört. »Der Mensch muss Geschichte machen«[117], schreibt er. Dazu ist es allerdings notwendig, dass er »seine Freiheit und Eigenständigkeit« zu schätzen weiß und sie nicht »aus der Hand« gibt.[118] Delp widmete seine Schrift den Freunden von Bogenhausen. Er hatte einen Gesprächskreis gegründet, dem er viele Anregungen für dieses Werk verdankte.

Delp engagierte sich auch im »Una-Sancta-Kreis« in München. Diese ökumenische Bewegung, die bis heute existiert, hatte sich etwa 1917 formiert. Ziel war es, Missverständnisse zu überwinden und eine gemeinsame Basis zu finden, ohne auf die Besonderheiten der eigenen Konfession verzichten zu wollen. Die katholischen Teilnehmer hofften aber auch, dass sich Teile des evangelischen Gedankengutes, die sie als »richtig« empfanden, auf Dauer in die katholische Lehre integrieren lassen würden. Während der Zeit des Nationalsozialismus war die Bewegung gefragter denn je, ging es doch darum, den Führungsanspruch Hitlers in Frage zu stellen und unermüdlich darauf hinzuweisen, dass Gott allein die Herrschaft und Ehre gebührt.

b. »I feel that I am bound …« – Helmuth James Graf von Moltke

Vom kritischen Bürger zum Widerständler

»Die Stadt ist voller Gerüchte. Die neueste Meinung ist, dass es bereits heute Nacht losgeht, und dass wir mit den Russen Wiederherstellung der Vorkriegsgrenzen vereinbart haben … Das Auswärtige Amt insbesondere scheint einer Massenpsychose erlegen zu sein, dass der Krieg kommt, kommen muss und zwar sofort oder fast sofort. Mir scheint das alles Unfug zu sein …«, schrieb Moltke am 24. August 1939 an seine Frau. Hier irrte er allerdings. Schon wenige Tage später, am 1. September, ließ Hitler Polen überfallen, was England und Frankreich veranlasste, Deutschland gemeinsam den Krieg zu erklären. Helmuths Pläne, sich in London ein zweites Standbein aufzubauen, zerplatzten wie eine Seifenblase. Deutschland rechtzeitig zu verlassen – dazu hatte er sich nicht durchringen können. »I feel that I am bound firstly to Europe, secondly to Germany, thirdly to East-Germany, fourthly to the land«, hatte er seinem Großvater einmal geschrieben. »Ich fühle mich gebunden, erstens an Europa, zweitens an Deutschland, drittens an Ostdeutschland, viertens an das Land« *(Anm.: Schlesien)*. Mit »I feel bound« meinte er – so erklärte er dem Großvater weiter –, dass er sich verantwortlich fühlte. Das gab ihm die Kraft zu bleiben – und die Kraft zu kämpfen.

Als Soldat sei Helmuth James untauglich, wurde ihm bescheinigt, was allerdings nicht ausschloss, ihn für Bürodienste zu verpflichten. So schickte man ihn in den militärischen Geheimdienst des Oberkommandos der Wehrmacht (OKW). Im Amt Ausland / Abwehr erhielt er einen Posten als Sachverständiger des Völkerrechts.

Moltke mag ein Stein vom Herzen gefallen sein; er stand so gar nicht in der Tradition des alten Feldmarschalls. Weder dessen Liebe zum Krieg noch sein Faible für Waffen hatten sich auf Helmuth James vererbt. Daran konnten auch die zwei Kanonen nichts ändern, die in seiner Kindheit vor dem Hauptportal des Schlosses postiert waren. Helmuth James hatte sie als Turngerät benutzt. Als der Zweite Weltkrieg ausbrach, sorgte er als Erstes dafür, dass sämtliche Waffen, die sich noch auf dem Kreisauer Gut befanden, verschwanden. Dabei übersah er jedoch zwei alte Pistolen. Als Freya sie entdeckte, warf sie diese kurzerhand in die vorbeifließende Peile.[119]

Täglich wechselte das Ehepaar Moltke Briefe, wenn sie getrennt waren. Und das war nach der Geburt des Sohnes Helmuth Caspar (1937) häufig der Fall, da Freya meist in Kreisau blieb und den Gutsbetrieb aufrechterhielt, der inzwischen wieder besser florierte. 1941 kam Konrad zur Welt. Er sollte der letzte Moltke sein, der in Kreisau geboren wurde. Hartnäckig widersetzte sich Moltke dem Zwang, eine Uniform zu tragen, und man ließ ihn gewähren.[120]

Der Tätigkeit im Amt Ausland/Abwehr konnte Moltke durchaus Positives abgewinnen. Immerhin erhielt er auf diese Weise Zugang zu Fakten, die ihm anderweitig verwehrt geblieben wären. Er durfte zum Beispiel während des Krieges ganz offiziell die »Times« lesen. Dadurch war er darüber informiert, was in der Welt wirklich vor sich ging. Als Völkerrechtler konnte er sich außerdem die Freiheit nehmen, die Nationalsozialisten unermüdlich darauf hinzuweisen, dass sie sich an die Spielregeln des internationalen Rechts zu halten hatten. Und die Tatsache, dass er Angehöriger der Wehrmacht war, bedeutete auch, dass er besondere Vorrechte genoss. Sein unmittelbarer Vorgesetzter, Major Tafel, ein Verwandter Bonhoeffers, teilte Moltkes Abneigung gegen die Nationalsozialisten. Auch der oberste Chef der

Abwehr, Admiral Canaris, kannte nur ein Ziel: den Sturz Hitlers. Die Voraussetzungen, von »innen« her Widerstand gegen das Regime zu üben, waren im Amt Ausland / Abwehr denkbar günstig.

Im Prinzip bestand Moltkes Arbeit darin, Feindbefehle zu analysieren, militärische Zeitschriften zu durchforsten sowie Berichte der Militärattachés zu studieren. Basierend auf diesen Unterlagen fertigte er dann Gutachten und Stellungnahmen an, falls dies völkerrechtlich von Belang war. Da er zudem im anglikanischen Recht ausgebildet war, befasste er sich auch mit englischen Gesetzen. Das Problem war, dass der Wirkungskreis Moltkes und seiner Mitarbeiter sich nur auf die Wehrmacht beschränkte und dass Moltkes Abteilung nicht weisungsbefugt war. Sie konnte also aufgrund ihrer Gutachten lediglich Ratschläge erteilen und mit Argumenten zu überzeugen versuchen, was Moltke im Brief an seine Frau mit den Worten kommentierte: »Man gewöhnt sich daran, uns zu fragen, um dann unseren Rat in alle Winde zu schlagen.«[121] Trotz seiner beschränkten Einflussmöglichkeiten hoffte Moltke, die nationalsozialistischen Verbrechen wenn schon nicht zu verhindern, so doch einschränken zu können. Mit Hilfe der bestehenden Gesetze versuchte er immer wieder, die Armee davon zu überzeugen, dass es besser sei, sich an die Rechtsvorschriften zu halten. Willkürliche Grausamkeiten würden Deutschland langfristig nur schaden und auf der anderen Seite zu Vergeltungsmaßnahmen herausfordern. Er scherte sich wenig darum, ob seine Gutachten den Beifall des Führers finden würden.

Schon zu Beginn fiel Moltkes juristische Kompetenz auch anderen Behörden auf. So notierte Legationsrat Lohmann vom Auswärtigen Amt im Oktober 1939: »Durch Rückfrage beim OKW Ausland habe ich festgestellt, dass die Ausführungen in den Schreiben des OKW vom 5. und 10. Oktober zur Frage der Behandlung feindlicher Vermögenswerte in Deutschland von dem beim OKW tätigen Rechtswanwalt Grafen Moltke stammen. Dieser hat sich, wie er mir sagte, aus seiner eigenen Initiative Gedanken über den Fragenkomplex gemacht, die er seinem Chef, dem Kapitän zur See Bürkner, vorgetragen und durch ihn dem Wehrwirtschaftsstab übersandt hat. Die Ausführungen enthalten vieles Beachtliche ...«[122] Die Frage, wie mit dem feindlichen Vermögen umzugehen sei, war von großer Wichtigkeit. Immerhin waren zahlreiche Firmen lahmgelegt, da viele Betriebsleiter eine ausländische Staatsangehörigkeit besaßen und Deutschland verlassen hatten. Um die Produktion fortzuführen, musste geklärt werden, ob das Vermögen nur verwaltet oder einfach beschlagnahmt werden sollte, was wiederum die genaue Definition des Feindbegriffes voraussetzte. War ein Feind nur derjenige, der sich im Feindesland aufhielt, oder auch derjendige, der nur die Staatsangehörigkeit eines feindlichen Staates besaß, sein Geschäft aber in Deutschland führte? Diffizile Fragen, die Moltke nach Aussage seines Vorgesetzten Tafel »aus dem Handgelenk«[123] schüttelte.

Daneben war Moltke auch in den Sonderstab für Handelskrieg und Wirtschaftliche Kampfmaßnahmen (HWK) berufen worden, was für ihn eine erhebliche Mehrbelastung bedeutete. Schlafen konnte er meistens nur mit Hilfe von Tabletten, ansonsten lag er wach und grübelte über die politische Situation, über seine eigene Zukunft und die seiner Familie. Die Arbeit im Sonderstab ermöglichte ihm noch mehr Einblick in die tatsächliche Kriegssituation; außerdem hoffte er, die neutralen Staaten vor den nationalsozialistischen Übergriffen besser schützen zu können. Der Hintergrund für die Gründung dieses Ausschusses war der Plan, den Seekrieg in einen brutalen Wirtschaftskrieg zu verwandeln, vornehmlich mit dem Ziel, den englischen Import und Export zu behindern. England sollte von allen lebenswichtigen Gütern abgeschnitten werden. Bis dahin gab es strenge Vorschriften, die verhindern sollten, dass neutrale Schiffe angegriffen wurden. Auch Schiffe, die neutrale Passagiere beförderten, standen unter besonderem Schutz. Diese Richtlinien wollte die Seekriegsleitung aufweichen. Demnach durften feindliche Handelsschiffe keine am Krieg unbeteiligten Häfen mehr anlaufen – was umgekehrt genauso galt. Feindliche Handelsschiffe wurden ohne jegliche Warnung versenkt. Außerdem beschloss Admiral Raeder, feindliche Häfen zu bombardieren, was man bis dato vermieden hatte.

Moltke protestierte gegen das geplante aggressive Vorgehen und sprach sich für die Einhaltung des internationalen Rechts aus. Durch Raeders Maßnahmen setzte Deutschland seiner Meinung nach das Wohlwollen der neutralen Staaten aufs Spiel. Als die nationalsozialistische Kriegspolitik immer bedenklichere Auswüchse annahm, wagte Moltke es sogar, »ein absolutes Veto« gegen den Chef des HWK einzulegen, nachdem dieser beschlossen hatte, den britischen Gesandten in der Schweiz durch die Gestapo beseitigen zu lassen.[124]

Eine andere Frage, die Moltke Kopfzerbrechen bereitete, war das Problem der Geiselnahme und der Umgang mit sowjetischen Kriegsgefangenen. Schon bald nach der deutschen Besetzung der Westgebiete wurden Geiseln genommen. Das war nach damaligem Völkerrecht nicht verboten. Allerdings wurde ausdrücklich darauf hingewiesen, dass Geiseln nicht wie Strafgefangene behandelt werden durften. Auch Kollektivstrafen waren nicht gestattet. Hatte sich die Bevölkerung der besetzten Gebiete zunächst eher passiv verhalten, so schlug ihre Haltung allmählich in Widerstand um. Das veranlasste die Deutschen, entsprechende Gegenmaßnahmen zu ergreifen. Die Erschießungen nahmen zu, der beabsichtigte Abschreckungseffekt blieb allerdings aus. Die Bevölkerung verübte nur noch mehr Anschläge auf die Besatzungsmacht. 1943 fuhr Moltke in die betroffenen Gebiete, um mit den Besatzungsbehörden zu verhandeln. Außerdem beauftragte er zwei Mitarbeiter, in den jeweiligen Ländern die Geiselnahmen und Erschießungen genauestens zu untersuchen. Er hoffte, die Vorfälle auf diese Weise einschränken zu können, was sich jedoch durch den anhaltenden und ausufernden Krieg nicht verwirklichen ließ. Auch seine Verhaftung im darauffolgenden Jahr hinderte ihn daran, diese Angelegenheit weiterzuverfolgen. Noch dramatischer sah die Situation der sowjetischen Kriegsgefangenen aus. Als Begründung für deren unmenschliche Behandlung hatte General Reinecke angeführt, dass der Bolschewismus der Todfeind des nationalsozialistischen Deutschlands sei. Der bolschewistische Soldat habe daher jeden Anspruch auf Behandlung als ehrenhafter Soldat und nach dem Genfer Abkommen verloren.[125]

Gegen Reineckes Befehl arbeitete Moltke einen schriftlichen Protest aus, den Canaris unterschrieb. Das juristische Fundament schwankte allerdings ein wenig. Die Sowjetunion hatte die kriegsrechtlichen Verträge, die in der Zarenzeit abgeschlossen wurden, aufgekündigt. Sie akzeptierte nur das Abkommen über das Rote Kreuz. Streng genommen mussten die völkerrechtlichen Abmachungen nicht auf die Sowjetunion angewandt werden. Moltke berief sich auf eine allgemeine Interpretation des Völkerrechts, in der es hieß, dass fehlende Formalitäten mit dem Gewohnheitsrecht auszufüllen seien.[126] »Bei allen Heeren«, so Moltke weiter, habe sich die »geltende Anschauung entwickelt, dass es der militärischen Auffassung widerspreche, Wehrlose zu töten oder zu verletzen …«.[127] Feldmarschall Keitel soll auf die Argumente der Völkerrechtler um Moltke mit »Was wollt ihr überhaupt!« reagiert haben. Moltkes Protestnote quittierte er mit der Bemerkung: »Die Bedenken entsprechen den soldatischen Auffassungen vom ritterlichen Krieg! Hier handelt es sich um die Vernichtung einer Weltanschauung. Deswegen billige ich die Maßnahmen und decke sie.«[128] Doch Moltke gab nicht auf. Da zu diesem Zeitpunkt das Gerücht kursierte, dass es auf Seiten der Roten Armee keine deutschen Kriegsgefangenen gebe, tat Moltke alles, um das Gegenteil zu beweisen. Seine Strategie lief auf einen Kompromiss hinaus: Würde sich die Sowjetunion dazu bereit erklären, auf die deutschen Kriegsgefangenen die Bestimmungen des Genfer Vertrages anzuwenden, wenn Deutschland die sowjetrussischen Gefangenen nach denselben Regeln behandelte?

Über Schweden signalisierte die Sowjetunion, dass sie damit einverstanden wäre. Dennoch wurde Moltkes Vorstoß von Reinecke abgeschmettert, der sich seinerseits auf Hitlers ablehnende Haltung in dieser Frage berief. Ungeachtet dessen setzte sich Moltke weiter für eine menschenwürdigere Behandlung in den Lagern ein. Anfang Januar 1942 erteilte das OKW den Befehl, den sowjetischen Gefangenen mit einem Höllensteinstift ein Kreuz auf den linken Unterarm einzugravieren. Auf diese Weise sollte eine Flucht verhindert werden. Ein halbes Jahr später glaubte man, eine zuverlässigere und dauerhaftere Methode gefunden zu haben. Mittels chinesischer Tusche sollte ein »nach unten geöffneter Winkel von etwa 45° und 1 cm Schenkellänge auf der linken Gesäßhälfte«[129] eintätowiert werden. Moltke protestierte energisch, sobald er davon erfuhr. Mit Erfolg. Die Brandmarkung wurde nach kurzer Zeit eingestellt.

Auch in Kreisau begegnete man russischen Kriegsgefangenen, die eine Zeitlang im Arbeitslager des Nachbardorfes Gräditz lebten. Manche mussten auch auf dem Gut der Moltkes aushelfen. Da sie im Lager offensichtlich schlechter behandelt wurden als französische Kriegsgefangene, wurden sie bei den Moltkes mit zusätzlichen Essensrationen versorgt. Wenn einer der Russen starb, ließ Helmuth James ihn heimlich auf dem Kapellenberg bestatten.

»Gestern habe ich mich von einem früher berühmten Anwalt verabschiedet, der … das goldene Verwundetenabzeichen hat und sich mit seiner Frau heute umbringen wird, weil er heute Abend geholt werden soll. Er hat eine nette Tochter von wohl 19 Jahren, die will leben und ist entschlossen, das ihr Bevorstehende durchzustehen. Ich habe ihr meine ›permanente‹ Adresse gegeben, für den Fall, dass sie und wir den Strudel überstehen und unsere Adresse dann noch stimmen sollte. Sehr wahrscheinlich schien es uns allen nicht …«[130]

Für die Judendeportationen waren die Völkerrechtler in der Abwehr nicht zuständig. Dies war die Sache der SS. Eine Ausnahme scheint es dennoch gegeben zu haben. In einem Brief an Freya berichtete Helmuth James, dass er an einer Sitzung »wegen Judenverfolgung«[131] teilnehmen musste. Konkret ging es dabei um die 11. Verordnung zum Reichsbürgergesetz, das am 25. November 1941 in Kraft treten sollte. Sie besagte, dass Juden und Jüdinnen, die sich im Ausland aufhielten, ihre deutsche Staatsangehörigkeit verlieren und staatenlos werden sollten. Mit dem Entzug der Staatsangehörigkeit würden sie auch ihr gesamtes Vermögen verlieren, das an das Deutsche Reich fallen sollte. Diese Bestimmung betraf auch Juden in den besetzten Gebieten sowie in Gettos und Konzentrationslagern. Diese Verordnung, so Moltke, habe er »eisern« angegriffen. Er kämpfte in dieser Sitzung allein gegen 24 Männer und legte sogar Einspruch bei Keitel ein. An Freya konnte er berichten, dass es ihm gelungen sei, »dem Rad der Judenverfolgung zumindest hemmend ein wenig in die Speichen zu fahren«.[132] Verhindern konnte er die Aktion jedoch nicht. Die Verordnung trat wie geplant in Kraft.

c. Schloss Kreisau: Brutstätte des Widerstands

Der Kreisauer Kreis

Das grauenvolle Morden und Abschlachten ging weiter. Es gab sogar hartgesottene SS-Männer, die bei den Exekutionen zusammenbrachen und in Nervensanatorien eingeliefert wurden. Helmuth James berichtete in seinen Briefen davon.[133] Angesichts der Deportationen ging er mit sich ins Gericht: »Wenn ich nur das entsetzliche Gefühl los werden könnte, dass ich mich selbst habe korrumpieren lassen, dass ich nicht mehr scharf genug auf solche Sachen reagiere, dass sie mich quälen, ohne dass spontane Reaktionen entstehen. Ich habe mich selbst verzogen, denn auch in solchen Sachen reagiere ich über den Kopf. Ich denke über eine mögliche Reaktion nach, statt zu handeln.«[134] Eine Frage ließ ihm keine Ruhe: »Darf ich denn das erfahren und trotzdem in meiner geheizten Wohnung am Tisch sitzen und Tee trinken? Mach' ich mich dadurch nicht mitschuldig? Was sage ich, wenn man mich fragt: und was hast Du während dieser Zeit getan?«[135] Diese Fragen stellten sich bedauerlicherweise zu wenig Deutsche. Aber es gab sie, die Männer und Frauen, die sich mit der Realität nicht einfach abfinden wollten, die zu ändern suchten, was noch zu ändern war. Die Judenverfolgung spielte allerdings in vielen Widerstandskreisen eine eher untergeordnete Rolle. Etliche der Verschwörer identifizierten sich zumindest anfänglich sogar bis zu einem gewissen Grad mit den antisemitischen Forderungen. Sie störten sich beispielsweise an der ostjüdischen Immigration, aber auch an der Tatsache, dass Juden in manchen Berufen überdurchschnittlich stark vertreten waren.

Besonders interessant erscheint in diesem Zusammenhang die Person Carl Goerdelers. Auch er scharte Regimegegner um sich. Auch zu den Kreisauern hatten sie Kontakt; die Gegensätze ließen eine echte Zusammenarbeit auf Dauer jedoch nicht zu. Sie kamen aus unterschiedlichen Welten. Goerdelers Anhänger hatten zumeist am Ersten Weltkrieg teilgenommen und waren stark von der monarchischen Epoche geprägt. Die Entwicklung der Kreisauer hingegen war vom Zusammenbruch und der Weltwirtschaftskrise bestimmt worden. Sie standen der bürgerlich-liberalen Welt distanziert gegenüber. Die Weimarer Republik hatte sie enttäuscht. Die Kreisauer wollten nicht nur einen Systemwechsel, sondern einen grundlegenden Umbruch. Die Angehörigen des »linken« Flügels des Kreises, zu dem auch Moltke gehörte, verstanden sich als »Revolutionäre«.

Goerdeler sah sich nach einem Sturz Hitlers als Reichskanzler. Seine Haltung in der Judenfrage war indes reichlich ambivalent. Er hatte protestiert, als die Nazis in Leipzig das Denkmal des jüdischen Komponisten Mendelssohn entfernten. Da es ihm nicht gelungen war, die Aktion rückgängig zu machen, weigerte er sich, die Wiederwahl zum Oberbürgermeister anzunehmen. Er wehrte sich zwar entschieden gegen die Judenverfolgung, wollte die Juden allerdings in Deutschland auch nicht unbedingt überhandnehmen lassen. Für den Tag X nach Hitler hatte er eine etwas eigenwillige Lösung parat: Er plante, sie in einen eigens zu schaffenden Judenstaat nach Kanada umzusiedeln.

Ganz anders dachten in diesem Punkt Helmuth James von Moltke und jene, die sich im Kreisauer Kreis zusammenfanden. Was die Judenfrage betraf, zeigten sie sich von Anfang an kompromisslos. Alle gegen die Juden gerichteten Gesetze mussten ihrer Meinung nach sofort aufgehoben werden. Die Ignoranz vieler Deutschen machte Moltke zu schaffen. Seinem Freund Lionel Curtis gegenüber äußerte er sich einmal, neun Zehntel der Bevölkerung wüsste nicht, dass die Juden nach den Deportationen umgebracht würden. Man glaube, dass sie in den Osten geschickt würden, wo sie ihr Leben – vielleicht etwas bescheidener als bisher – weiterführen könnten.[136]

»Wer wissen wollte«, sagt Freyas Bruder Hans Deichmann später, »hat alles erfahren.« Er selbst gehörte nicht zum Kreisauer Kreis, stand mit Moltkes aber ständig in Verbindung. Deichmann erzählte, was er in Auschwitz gesehen hatte: zahllose halb verhungerte Gestalten, die schwere Steine schleppten und nichts reden durften. Rauchende Schornsteine und über allem ein süßlicher Gestank in der Luft. Deichmann arbeitete für die I.G.-Farben und hatte seine Dienststelle in Rom. Er sollte italienische Freiwillige für den Bau einer Chemiefabrik in Auschwitz rekrutieren. Der Betrieb sollte der größte in der ganzen Welt werden. Was Deichmann gesehen hatte, ließ ihn guten Gewissens zum »Verräter« werden. Als er erfuhr, dass in Peenemünde neue V-Waffen erzeugt wurden, spielte er seine Informationen in Rom den Alliierten zu.

Kreisau wurde für Deichmann zu einer geistigen Zufluchtsstätte. Wer den Namen »Kreisauer Kreis« erfand, ist nicht ganz geklärt. Moltke war es definitiv nicht. Freya von Moltke vermutet in ihren Erinnerungen, dass Theo Haubach, der zum Kreis gehörte, den Namen während eines Verhörs aussprach. Ein Beamter des Sicherheitsdienstes habe die Bezeichnung dann wohl aufgegriffen.[137] Möglicherweise war der Name aber auch von Anfang an eine Erfindung des SD, der alle Widerstandsgruppen mit etwas eigenwilligen Bezeichnungen versah. Goerdelers Kreis hieß zum Beispiel »Barock«, weil sich in ihm überwiegend ältere Personen befanden. In Kreisau, auf dem Gut der Moltkes, kam es allerdings nur zu drei Zusammenkünften der Widerstandskämpfer. Ansonsten traf man sich an verschiedenen Orten, u.a. auch in München bei Pater Delp. Die meiste Arbeit aber wurde in Berlin geleistet – zum Teil in der kleinen Wohnung in der Derfflingerstraße, die Helmuth James bewohnte, zum großen Teil aber in der Hortensienstraße, im Hause der Yorcks.

Peter Yorck von Wartenburg war ein tief religiöser Lutheraner, ohne dabei in irgendeiner Weise frömmelnd zu wirken. Der Jurist gehörte einem berühmten preußischen Adelsgeschlecht an. Der Stammsitz der Yorcks lag im schlesischen Klein-Oels. 1930 heiratete er die Jurastudentin Marion Winter. Seit Anfang 1940 kam es zu mehr oder minder regelmäßigen Treffen zwischen Yorcks und Moltkes. Die beiden Ehepaare verband bald eine enge, herzliche Freundschaft. Yorck und Moltke bildeten das eigentliche Zentrum des Kreisauer Kreises. Unverständlich, dass Yorck bei der Würdigung der Widerstandskämpfer immer ein wenig zu kurz kam. Er war bedächtiger als Moltke, der ruhende Pol, einer, der gern fragte und zuhörte. Helmuth schätzte seine Klugheit und Toleranz. In grundlegenden Fragen waren sie nicht immer einer Meinung, aber sie konnten einander respektieren. Einig waren sie sich darin, dass ein Plan notwendig war, wie Deutschland nach dem Zusammenbruch des Hitler-Regimes aussehen könnte. Andernfalls würde es im Chaos versinken. Auf welche Weise es zu diesem Tag X kommen würde, war anfangs zweitrangig. Moltke war der Überzeugung, dass sich das nationalsozialistische System von innen heraus selbst zerstören müsse. Seine andersdenkenden Freunde mahnte er immer wieder zur Geduld. Auch aus christlich-moralischen Gründen konnte er ein Attentat auf Hitler nicht verantworten. Zu Pater Rösch sagte er einmal: »Wir dürften uns nicht über den tausendfältigen Mord in KZs und wer weiß wo beklagen, wenn wir auch morden wollten!«[138] Je länger der Krieg dauerte, umso mehr bedrängten ihn seine Freunde, über die Möglichkeiten eines gewaltsamen Umsturzes nachzudenken.

Bis zum Schluss hoffte Moltke jedoch auf eine andere Lösung. An Curtis schrieb er 1943: »Man kann eine Regierung nur beseitigen, wenn man eine andere Regierung anzubieten hat. Demnach kann mit der Zerstörung des Dritten Reiches erst begonnen werden, wenn man zumindest imstande ist, eine Alternative vozuschlagen.«[139]

Diese Alternative zu finden, darum ging es im Kreisauer Kreis. Gemeinsam suchten Yorck und Moltke nach Gleichgesinnten für dieses Projekt. Im Kreisauer Kreis fanden sich Adelige und Sozialisten zusammen, Liberale, Konservative, Katholiken genauso wie Protestanten. Es gab Juristen, Pädagogen, Politiker, Gewerkschaftsfunktionäre, Theologen und Wirtschafts- und Finanzexperten. Der »harte Kern« des Kreises bestand aus Helmuth James Graf von Moltke, Peter Graf Yorck von Wartenburg, Adam von Trott zu Solz, Horst von Einsiedel, Carl Dietrich von Trotha und Hans Bernd von Haeften. Dazu kamen die weiteren Mitglieder:

Ernst von Borsig
Alfred Delp
Horst von Einsiedel
Otto Heinrich von der Gablentz
Eugen Gerstenmaier
Hans Bernd von Haeften
Theo Haubach
Paulus van Husen
Lothar König
Julius Leber
Hans Lukaschek
Carlo Mierendorff
Freya von Moltke
Hans Carl Maria Alfons Peters
Harald Poelchau
Adolf Reichwein
Augustin Rösch

Theodor Steltzer
Margrit von Trotha
Eduard Waetjen
Irene Yorck von Wartenburg
Marion Yorck von Wartenburg

Doch das waren noch längst nicht alle. Wie viele letztendlich in dieser Widerstandsgruppe mitarbeiteten, lässt sich nicht eindeutig klären. Im Grunde bestand der Kreisauer Kreis aus vielen einzelnen kleinen Kreisen. Und das nicht nur aus dem Grund, weil Moltke auf »kleine Gemeinschaften« setzte. Die zahlreichen Kontakte bedeuteten eine große Gefahr für die Arbeit. Deswegen entschloss man sich, kleinere Arbeitsgruppen einzuführen. Ihr Teilnehmerkreis wurde jedes Mal zumeist von Moltke neu festgelegt. Da die einzelnen Teilnehmer oft nicht einmal den Namen der anderen wussten, war die Gefahr gering, dass sie bei einem möglichen Verhör gleich den ganzen Kreis auffliegen ließen. Natürlich kannten sie die Richtlinien, an denen gearbeitet wurde, aber keine Details. Nur Yorck und Moltke waren über alles informiert. »Der Feind hört mit«, warnte ein Plakat in Moltkes Berliner Wohnung.[140] Die meisten Notizen wurden am Ende einer Sitzung sofort verbrannt. Nur das Wichtigste ließ Helmuth James von Freya in Kreisau in Sicherheit bringen. Delp vertraute seine Schriftstücke befreundeten Bauern in seinem Urlaubsort am Simssee an. Auch Lothar König versteckte seine Aufzeichnungen. Sie wurden erst 1971 gefunden, als die Jesuiten das ordenseigene Hochschulgebäude »Berchmanskolleg« in Pullach bei München verließen. Die Dokumente, die als »Dossier Kreisauer Kreis« anschließend veröffentlicht wurden, lagerten in einem Tresor des Kellers.

In diesen Gruppen wurde also an einer neuen Verfassung gearbeitet, an einem neuen Wirtschaftssystem und an einer Sozialordnung für ein Deutschland nach Hitler.

In der Regel waren meist nicht mehr als vier Teilnehmer damit beschäftigt, sich über konkrete Fragen Gedanken zu machen. Sie diskutierten zum Beispiel darüber, ob und wie die Kriegsverbrecher zu bestrafen seien, wie kurz nach dem Zusammenbruch die Ernährung des Volkes sichergestellt werden könnte und wie in Deutschland eine funktionierende Demokratie aufgebaut werden könnte. Vor allem der letzte Punkt würde die Deutschen vor große Mühen stellen, hatte sich durch das klägliche Scheitern der Weimarer Republik doch gezeigt, dass die breite Masse der Deutschen nicht demokratiefähig war und es vorzog, in Scharen einem selbsternannten Führer hinterherzulaufen, der ihnen Befehle erteilte. Die Kreisauer verkörperten in ihren Arbeitsgruppen demokratisches Handeln: Grundsätzlich galt, dass zu den einzelnen Themen kontroverse Standpunkte gehört wurden und ein Kompromiss gefunden werden musste.

Bereits Ende 1941 planten Moltke und Yorck, die Ergebnisse dieser umfangreichen Besprechungen und Vorarbeiten in größeren Zusammenkünften zu diskutieren und schriftlich festzuhalten. Dazu luden sie die engsten Mitarbeiter und Freunde ein. In Berlin wäre eine solche Veranstaltung zu verdächtig gewesen. Aber das abgelegene Berghaus in Kreisau war wie geschaffen für ein konspiratives Treffen. Außerdem hatten die Moltkes immer ein volles Haus. Wen kümmerte es schon, dass da noch ein paar Fremde mehr herumliefen? Die erste Tagung dieser Art fand zu Pfingsten 1942 statt. An Feiertagen war es auf dem Land durchaus üblich, viele Leute einzuladen – auch während des Krieges. Das Berghaus sah von außen klein und bescheiden aus. Doch jeder, der es betrat, war überrascht, wie geräumig es von innen war. Trotzdem konnten nicht alle dort übernachten. Ein Teil der Gäste musste ins Schloss ausquartiert werden. Auch Freya nahm an den Sitzungen teil. Und Peter Yorck hatte nicht nur seine Frau Marion mitgebracht, sondern auch seine Schwester Irene, die Ärztin war. Natürlich wurde nicht nur gearbeitet. Es war Mai, man ging spazieren, freute sich an der erwachenden Natur und besuchte den Gottesdienst. Es wurde viel gelacht und ausgiebig gemeinsam gegessen. Die Mahlzeiten fielen auf dem Land reichhaltiger aus als in der Stadt. Die Zusammenkünfte liefen gewöhnlich nach einem bestimmten Muster ab. Zu jedem Thema hielt einer der Anwesenden ein Referat, auf das er sich gut vorbereitet hatte. Anschließend wurde diskutiert, und die Ergebnisse wurden protokolliert. Auf der ersten Kreisauer Tagung ging es im Wesentlichen um das Verhältnis von Kirche und Staat im neuen Deutschland nach Hitler. Auch über das Bildungssystem wurde heftig diskutiert. Schon im Oktober desselben Jahres fand die zweite Tagung in Kreisau statt. Diesmal standen der Verfassungsaufbau und Wirtschaftsfragen auf dem Programm. Allerdings hatten sich die Teilnehmer damit ziemlich übernommen. Das Problem der Dezentralisation und die Selbstverwaltung beschäftigte sie stärker, als sie vermutet hatten. Der Wirtschaftsaufbau konnte daher nur ansatzweise besprochen werden.

Die dritte und letzte große Tagung in Kreisau fand im darauffolgenden Jahr wiederum zu Pfingsten statt. Diesmal kamen die Wirtschaftsfragen zum Zug. Daneben widmeten sich die Teilnehmer der Außenpolitik, wobei die Vision eines europäischen Staatenbundes einen gewichtigen Platz einnahm. Aber auch die Wiederherstellung des Rechts und die Bestrafung der Naziverbrecher wurden ausgiebig erörtert. Im Lauf des Sommers 1943 wurde die Tagung aufgearbeitet und das Ergebnis in den »Grundsätzen für die Neuordnung« zusammengefasst.

Delps Begegnung mit Moltke

Alfred Delp war durch seinen Vorgesetzten Pater Rösch in den Kreisauer Kreis eingeführt worden. Rösch, der damalige Jesuitenprovinzial, hatte Moltke bereits Ende 1941 kennengelernt. Er war bei der ersten Kreisauer Tagung anwesend. In einem Gespräch mit ihm ließ Moltke durchblicken, dass er noch einen Sozialwissenschaftler suche. Er sollte in der Lage sein, die Inhalte der kirchlichen Soziallehre in die Gespräche und Planungen mit einzubringen. Eines der dringenden Probleme, die zur Bearbeitung anstanden, war die Arbeiterfrage und die Vermittlung christlicher Werte. Denn – so hatte die Grundsatzerklärung der ersten Tagung ergeben: »Wir sehen im Christentum wertvollste Kräfte für die religiös-sittliche Erneuerung des Volkes, für die Überwindung von Hass und Lüge, für den Neuaufbau des Abendlandes, für das friedliche Zusammenarbeiten der Völker ...«[141] Rösch dachte sofort an Alfred Delp. Der hatte sich schon immer für soziale Probleme interessiert. Delp besaß zwar keine sozialwissenschaftliche Ausbildung, denn die hatten ihm die Nazis verweigert. In München hatte Delp deshalb den Kontakt mit dem angesehenen Volkswirtschaftler Adolf Weber gesucht, um sich auf diesem Gebiet auf eigene Faust weiterzubilden. Delp erklärte sich bereit, im Verschwörerkreis mitzuarbeiten. Wenig später traf er mit Moltke zusammen. Zwischen ihm und dem Ehepaar Moltke entwickelte sich eine herzliche Freundschaft, die bis zum Tod dauerte. Freya von Moltke erinnerte sich in einem Brief von 1954: »... ich sah Pater Delp zum ersten Mal in Kreisau 1942, als er mit anderen unserer Freunde zu einer Besprechung auf ein langes Wochenende zu uns kam. Er war von einer bedrohlichen Krankheit erst kürzlich genesen, aber es war offenbar, dass er erfolgreich die Beschwerden seines Körpers aus dem Geiste überwand. Er war jugendlich und feurig, ja, er erschien von allen der jüngste, er war heiter und lebensfroh. Der entschlossene Ernst, der seinen Charakter bestimmte, verschwand hinter der Wärme und Freundlichkeit seines Wesens, die allen menschlichen Belangen voll zugewandt waren … Er war als katholischer Soziologe nach Kreisau gekommen. Ich entsinne mich nicht mehr im einzelnen dessen, was er im Laufe der Besprechungen sagte, deutlich sehe ich aber den Menschen vor mir. Später, im Sommer 1943, war ich mit meinem Mann in München. Auch diese Reise wurde einer Besprechung wegen gemacht … Wir suchten Pater Delp in seiner schönen Pfarre in Bogenhausen auf. Er war sprühend und wie immer voller Optimismus. Auf dem Heimweg, in der Straßenbahn, besprachen mein Mann und ich, welch hinreißenden, bedeutsamen Einfluss Pater Delp auf junge Menschen ausüben müsse …«[142] Rösch hatte außer Delp noch Pater Lothar König mit den Kreisauern in Verbindung gebracht. Moltke maß den Katholiken im Kampf gegen Hitler eine größere Bedeutung bei als der evangelischen Kirche, denn diese war in sich gespalten und zerstritten. Außerdem schätzte Moltke die Sozialenzykliken des Papstes. Theodor Steltzer, der ebenfalls zum engsten Kreisauer Kreis gehörte, hielt Alfred Delp für »die geistig bedeutendste Persönlichkeit des Kreises«.[143] Innerhalb des Dreiergestirns der Jesuiten war er zweifellos der Theoretiker, der nicht nur geistige Anregungen gab, sondern die Ergebnisse der Besprechungen auch in einen größeren gesellschaftspolitischen Kontext brachte. Trotz aller Kompromissbereitschaft hielt er an der Position der katholischen Kirche fest. Rösch hingegen war ein Stratege und Pragmatiker. Er war der Organisator, der die Aktivitäten des Widerstandskreises auch gegenüber den deutschen Bischöfen verantwortete. König redigierte die Textentwürfe und spielte eifrig den Kurier zwischen Bischöfen und Kreisauern. Moltke und Yorck wollten viele Vertreter der beiden Kirchen in ihre Arbeit einbeziehen und nach Möglichkeit deren Zustimmung erreichen. Der Vorsitzende der Katholischen Bischofskonferenz, Adolf Bertram, mochte es sich mit den Nationalsozialisten jedoch nicht verderben. Seine Haltung ist bis heute sehr umstritten. War er nun für oder gegen sie? Tatsache ist, dass er noch Anfang Mai die Priester seiner Diözese aufforderte, ein feierliches Requiem im Gedenken an den Führer zu halten. Die Kreisauer hielten daher Kontakt mit jenen katholischen Würdenträgern, von denen sie definitiv wussten, dass sie auf ihrer Seite standen – wie zum Beispiel der Berliner Kardinal Konrad Graf von Preysing oder Kardinal Michael Faulhaber in München.

Schon bei den Vorarbeiten zur zweiten Tagung war Delp also in Berlin zu finden, wo sich die Repräsentanten der Kirche und der Arbeiterbewegung trafen – den beiden wichtigsten Säulen in einem Deutschland nach Hitler. Beide Seiten sollten ihre Vorschläge zu sozial- und wirtschaftspolitischen Themen diskutieren. Dabei war besonders die Rolle der katholischen Kirche gefragt. Was konnte angesichts der zu lösenden Probleme nach Hitler von ihr erwartet werden?

Bei der zweiten Tagung in Kreisau, die im Oktober 1942 stattfand, war Alfred Delp dabei. Bis spät in die Nacht wurde diskutiert, wobei Delp, Moltke und Gerstenmaier sich in die Frage verbissen, ob und in welcher Form die Gewerkschaften eine Rolle im neuen Deutschland spielen sollten. Im Abschlussprotokoll zum Thema Wirtschaft ist Delps Handschrift und sein Konzept vom »personalen Sozialismus« deutlich zu erkennen. Auch auf die dritte Tagung in Kreisau bereitete er sich gründlich vor. In einem Diskussionsentwurf sprach er von fünf »Wiederherstellungen«, ein Thema, das sich auch in seiner späteren Schrift »Die Dritte Idee« niederschlug: Wiederherstellung des Bewusstseins vom absoluten Recht, Wiederherstellung einer konkreten Rechtssicherheit, Wiederherstellung des echten Staates, Wiederherstellung der Familie und Wiederherstellung einer echten Sozialordnung.[144] In ihren Grundzügen wurden Delps Gedanken in das abschließende Dokument »Neuordnungen« übernommen.

Die Kreisauer Pläne

Das Neuordnungsprogramm der Kreisauer ist aus heutiger Sicht nicht unumstritten. Zu naiv, zu theoretisch, zu widersprüchlich, zu unausgegoren, meinen viele. Dabei wird jedoch übersehen, dass diese Pläne eine Notlösung waren, um für eine Ausnahmesituation gerüstet zu sein. Nach einem möglichen Zusammenbruch des Deutschen Reichs sollte dieses Manifest das notwendige Rüstzeug liefern, um Anarchie und politisches Chaos zu verhindern. Es konnte sich hierbei nur um ein politisches Gerüst handeln, das die Richtlinien für die Übergangszeit vorgab. Hätten die Kreisauer die Möglichkeit gehabt, ihre Pläne in die Tat umzusetzen, so wären auch ihnen die Defizite ihrer »Neuordnung« bewusst geworden. Die Tatsache, dass sie unter den erschwerten Bedingungen des Dritten Reiches ein antifaschistisches Modell entwickelten, ist beachtlich genug. Politisches und soziales Verantwortungsbewusstsein prägte die Persönlichkeiten des Kreisauer Kreises. Eigentum verpflichtet – davon waren besonders die Nachfahren der altehrwürdigen preußischen Geschlechter überzeugt. Peter Graf Yorck hatte von seinem Vater ständig zu hören bekommen: »Herrschen ist Dienen.« Nicht umsonst hatte er eines seiner Güter in Arbeiterwohnungen aufgeteilt.

Bei den Plänen, die sich mit der Neuordnung Deutschlands befassten und die auf den drei großen Tagungen in Kreisau schriftlich skizziert wurden, handelte es sich um eine grundlegende Alternative zum Nationalsozialismus. Es ging um die Wiederherstellung von Menschenwürde und Recht, um verantwortlich gelebte Freiheit, die sich der Gemeinschaft verpflichtet weiß. Nicht minder wichtig aber war der Kampf gegen den Rassismus, der durch das Christentum überwunden werden sollte. Yorck und Moltke wussten natürlich, dass es einen »christlichen« Staat nicht gab. Aber sie setzten auf Politiker, die ihre ethischen Grundsätze aus dem christlichen Glauben bezogen – auch wenn diese selbst nicht unbedingt als bekennende Christen auftraten. Peter Graf Yorck schrieb: »Ich möchte nicht vom christlichen Staatsmann, sondern nur vom rechten Staatsmann sprechen. Ich bin zwar überzeugt, dass in jedem rechten Menschen Christus wirkt, denke aber nicht daran, jemanden für das Christentum als Gemeinschaft in Anspruch zu nehmen, der es nicht selbst weiß und will.«[145]

Das Kreisauer Programm plädierte für eine strikte Trennung von Kirche und Staat, stellte aber deutlich heraus, dass beide Bereiche einander sinnvoll ergänzen sollten. Interessante Neuerungen klangen an, über die auch heute immer wieder nachgedacht wird: In einem Deutschland nach Hitler war es nach dem Willen der Kreisauer mit der Kirchensteuer aus und vorbei. Die Kirchen sollten zwar Abgaben erheben dürfen, die Zahlung würde aber auf freiwilliger Basis geleistet werden. Besonders die Ökumene lag den Kreisauern am Herzen. Angesichts des Zusammenbruchs des Dritten Reichs konnten die Kirchen nur glaubwürdig erscheinen, wenn sie Einheit in der Verschiedenheit demonstrierten. Moltke schwebte dabei ein »Kirchenminister« und ein »Gesamtkirchenrat« vor, der die Interessen der Kirchen gegenüber dem Staat vertreten sollte. Die Trennung von Kirche und Staat wird jedoch mehr als fraglich, wenn man die Neuordnungspläne der Kreisauer genauer betrachtet. Die Ausschließlichkeit, mit der das Christentum in den verschiedensten Bereichen eingefordert wurde, überrascht, zumal, wenn man sich vor Augen hält, dass Moltke und Yorck trotz ihrer religiösen Grundhaltung sehr tolerant waren. Man darf bei aller Kritik jedoch nicht vergessen, dass die Kreisauer eine geistige Umstrukturierung des Volkes anstrebten. Und die griff am besten, solange ein Mensch noch in den Kinderschuhen steckte. Glaube und Kirche spielten daher auch in den kultur- und bildungspolitischen Plänen der Kreisauer eine bedeutende Rolle. Das Bildungs-und Erziehungsideal bestand darin, die »sittlichen Kräfte« des Kindes zu fördern:

»Die Charaktererziehung bildet einen anständigen Menschen religiöser Grundhaltung, der gute Sitte und Rechtlichkeit, Wahrheit und Aufrichtigkeit, Nächstenliebe und Treue vor seinem Gewissen zur Richtschnur seines Daseins zu machen imstande ist. Der so erzogene Mensch wird die Reife besitzen, selbstverantwortliche Entscheidungen zu treffen ...«[146] Dass die Neuordnungen nicht immer auf tragfähigem Fundament standen, wird deutlich, wenn man folgenden Passus liest: »Den Eltern steht das Recht zu, ihre Kinder nach den Grundsätzen des christlichen Glaubens und nach den Forderungen ihres eigenen Gewissens zu erziehen.«[147] Wie sollte sich dies miteinander in Einklang bringen lassen, wenn die Eltern nicht die Absicht hatten, ihre Kinder religiös zu erziehen? Dieser Widerspruch wurde in den Kreisauer Plänen nicht gelöst. Obwohl einige katholische Kreisauer gern wieder die Bekenntnisschule im neuen Deutschland eingeführt hätten, einigte man sich schließlich auf die christliche Gemeinschaftsschule.

Ein grundlegend neues Konzept wurde für das Hochschulwesen entworfen. Der Pädagoge Adolf Reichwein hatte seine Erfahrungen in die Bildungsreformen des Kreisauer Kreises eingebracht. Moltke kamen die Gespräche mit dem langjährigen preußischen Kultusminister Karl Heinrich Becker zugute. Dieser hatte die zunehmende Spezialisierung der Studenten beklagt und sich für ein interdisziplinäres Studium ausgesprochen. Der

Kreisauer Kreis griff diese Vorstellungen auf und plante zwei verschiedene universitäre Bereiche. So sollte es Hochschulen für die fachbezogene Ausbildung geben, die der Spezialisierung dienten. Daneben waren Reichsuniversitären geplant, die der Elite des Landes zur Verfügung standen und in denen sie zu Forschern und Persönlichkeiten des öffentlichen Dienstes herangebildet werden sollten.

Eine Rückkehr zur Monarchie lehnten die Kreisauer ab. Das Verfassungsmodell, auf das sie sich schließlich einigen konnten, gehört weder zu den Stärken noch zu den eigenständigen Beiträgen der Neuordnungspläne. Im Kreis herrschte die Auffassung, dass ein Deutschland nach Hitler föderativ gegliedert sein müsse. An Curtis schrieb Moltke: »Die Abwendung von der Idee eines stark zentralisierten deutschen Staates macht große Fortschritte. Während noch vor zwei Jahren die Vorstellung eines vollständig dezentralisierten Staates als Utopie galt, ist sie heute fast ein Gemeinplatz. Das wird die Übergangszeit zwischen Krieg und Frieden erleichtern und vielleicht eine Verständigung ermöglichen.«[148]

Die Kreisauer griffen dabei auf die Reformen des Freiherrn von Stein zurück. Bei der Selbstverwaltung im Kleinen sahen sie die beste Möglichkeit, die Bürger einzubinden und sie allmählich zu Demokraten zu machen. Der Staat, auf den sie sich nach langen Diskussionen einigten, sollte sich von unten nach oben aufbauen: Gemeinde, Kreis, Land und Reich. Dezentralisierung lautete das Stichwort, um Machtbündelung zu vermeiden. Föderalismus und Selbstverwaltung sollten gestärkt werden. Nach den schlechten Erfahrungen in der Weimarer Republik waren Parteien den Kreisauern ein Dorn im Auge. Ihre Verfassungspläne sahen deshalb vorläufig einen parteilosen Staat vor. Eine Änderung dieses Punktes schloss Moltke nicht aus. Allerdings sollten dann jedoch nur die starken Parteien im Reich vertreten sein.

Die Volksvertreter wurden nur auf den untersten Ebenen – also in Gemeinde und Kreis – direkt gewählt. Dabei gab es eine interessante Überlegung: Familienväter sollten je nach Kinderzahl ein Mehrfachstimmrecht bekommen. Weiter oben fanden nur noch indirekte Wahlen statt, d.h., die so gewählten Vertreter hatten die Abgeordneten für den Landtag zu wählen; der Landtag wiederum wählte den Reichstag. In den letzten beiden Instanzen hatten jedoch politische Beamte, Soldaten und Frauen nichts zu suchen. (In einem Brief an die Autorin weist Freya von Moltke ausdrücklich darauf hin, sie habe keine Ahnung, wie dies in die Papiere gekommen sei. Moltke habe sich immer als »aktiv und passiv wählbar« angesehen.) Die einzelnen Länder durften nach den Vorstellungen der Kreisauer nicht mehr als drei bis fünf Millionen Einwohner umfassen. Bayern und Preußen hätten demzufolge geteilt werden müssen. Am Ende wäre man auf etwa 20 Länder gekommen. Das war eine Idee Moltkes, der damit auf großen Widerstand stieß. Aber auch hier setzte er auf seine Vision von den »kleinen Gemeinschaften«.

Als Erste-Hilfe-Maßnahme für die Zeit nach dem Sturz des Naziregimes hatten die Kreisauer »Landesverweser« vorgesehen, die die einzelnen Länder verwalten sollten. Man rechnete damit, »dass einzelne Landesteile militärisch besetzt und abgetrennt werden oder dass sogar eine Regierung des Deutschen Reiches nicht vorhanden ist oder jedenfalls nicht die Möglichkeit der verbindlichen Befehlsgebung hat«.[149] Daher waren überall dieselben Richtlinien notwendig, die in ganz Deutschland für eine gleichartige Entwicklung sorgen sollten. Aus diesem Grund schrieb Moltke die »Erste Weisung an die Landesverweser« nieder. Die Landesverweser waren dem Reich unterstellt. Sie sollten mit Hilfe der Kirchen und Arbeiter den Neuaufbau wagen, Verhaftungen und Freilassungen anordnen dürfen und sich um die Wiederherstellung der Wirtschaft kümmern.

Einer der wichtigsten Punkte der Neuordnung war die Wirtschafts- und Sozialordnung. Dabei fühlte sich vor allem Pater Alfred Delp in seinem Element. Es versteht sich von selbst, dass nach Auffassung der Kreisauer die Wirtschaft niemals Selbstzweck und nur auf Gewinn ausgerichtet sein durfte. Die Wirtschaftsordnung müsse dazu dienen, »Menschen zum Menschen zu machen«.[150] Wirtschaftliches Chaos habe unweigerlich Not, Hunger, Elend und Arbeitslosigkeit zur Folge. Umgekehrt konnte aber auch ein Übermaß an staatlichen Eingriffen nicht erstrebenswert sein. Die Kreisauer suchten daher nach einem neuen Weg zwischen kapitalistischem und kommunistischem System. In dieser solidarischen Ordnung sollte die Person im Mittelpunkt stehen. Dabei spielt der Begriff der »Freiheit« eine große Rolle. Der Mensch müsse nicht nur von »Arbeitslosigkeit und Not«[151] befreit werden, sondern auch von der Angst davor. Allerdings dürfe ihm nicht die Verantwortung für sein eigenes Schicksal abgenommen werden. Unter Freiheit verstanden die Kreisauer nicht etwa ein egoistisches Lebensprinzip, sondern ein tief verankertes Bewusstsein für das Gemeinwohl. Eines der größten Probleme bestand nach Meinung der Kreisauer nämlich darin, dass der Einzelne ein gestörtes Verhältnis zur Gesellschaft hatte. Das Individuum ging in der Masse unter. Der Gewerkschaftsfunktionär Wilhelm Leuschner sah nach dem Zeitalter des »individualistischen Menschen« nun das des »kollektivistischen« gekommen. Jenseits von »Individualität und Kollektivität« gebe es aber noch etwas anderes – »die Person«.[152] Hier werden Anklänge an den »personalen Sozialismus« deutlich, den Alfred Delp in seiner »Dritten Idee« präzisierte.

Es galt also, Wege zu finden zwischen zentraler Wirtschaftsführung und wirtschaftlicher Autonomie. Die Wirtschaftspolitik der Kreisauer lief auf in Maßen gelenkte, soziale und wettbewerbsorientierte Marktwirtschaft hinaus. Die Lenkung der Wirtschaft sollte jedoch »die Wirksamkeit der Eigenkräfte der Wirtschaft nicht ausschalten«.[153] Kompromisse waren auch in anderer Hinsicht notwendig: staatlich organisierte Gemeinwirtschaft auf der einen Seite, Selbstverwaltung auf der anderen. Auf der zweiten Kreisauer Tagung verteidigten Delp und Moltke die Idee, dass es besser sei, die zentralistischen Gewerkschaften von »Betriebsgewerkschaften« abzulösen. Dadurch sollte der Arbeitnehmer wesentlich mehr Mitbestimmung erhalten. Ein Gedanke, der im Kreisauer Kreis zu heftigen Diskussionen führte, da man bezweifelte, dass diese Form der Mitbestimmung ausreichte.

Im Interesse der Allgemeinheit sollten auch die wichtigsten Unternehmen wie Bergbau, Metallindustrie, Grundchemie und Energiewirtschaft verstaatlicht werden. Den Kreisauern war bewusst, dass die umfangreichen staatswirtschaftlichen Betriebe der Nazidiktatur nicht von heute auf morgen beseitigt werden könnten. Im Grunde entsprachen Großbetriebe nicht ihren Vorstellungen. Schließlich wollten sie der »Vermassung« in jeder Form entgegenwirken. Dazu gehörte auch der Plan, Ballungsgebiete deutlich zu entflechten, um der Bevölkerung eine gesündere Lebensgrundlage zu gewähren.[154] Hier waren die Einflüsse aus der Jugendbewegung unverkennbar. Die Rechtsauffassungen der Kreisauer gingen vom Naturrechtsgedanken aus; sie grenzten sich somit deutlich von der nationalsozialistischen Ära ab, in der nur das positive Recht galt. Das Naturrecht gewährt allen Menschen unveräußerliche Rechte: das Recht auf Freiheit, Gleichheit, aber auch das Recht auf Leben und Eigentum. Es orientiert sich an den allgemein geltenden sittlichen Maßstäben, dem Gewissen, der Vernunft oder an den Zehn Geboten der Bibel. Das Naturrecht ist die Basis für das gesellschaftliche Zusammenleben. Positives Recht hingegen ist alles, was durch Rechtsetzung, also im Gesetzgebungsverfahren, entstanden ist. (»Positiv« kommt vom lateinischen ponere = setzen; positum = gesetzt.) Das Naturrecht kann nicht für sich allein stehen. Es muss in ein positives Rechtssystem eingebunden werden, so wie es in den Verfassungen moderner Demokratien auch der Fall ist. Pater Alfred Delp legte sogar so viel Wert auf den Begriff »Naturrecht«, dass er den ersten Satz in den »Grundsätzen zur Neuordnung« entsprechend präzisieren wollte. Dazu kam es allerdings nicht. Statt »Die Regierung des Deutschen Reiches sieht im Christentum die Grundlage für die sittliche und religiöse Erneuerung unseres Volkes…« hätte Delp lieber geschrieben: »Die Regierung des Deutschen Reiches sieht im Naturrecht, das im Christentum seine Vollendung und die Garantie seines Bestandes erfährt, die Grundlage für die sittliche und religiöse Erneuerung unseres Volkes …«[155] Den Kreisauern ging es nicht darum, ein neues Rechtssystem zu schaffen. Genau genommen wollten sie die alte Rechtsordnung wieder einführen, die Hitler zerstört hatte: »Das zertretene Recht muss wieder aufgerichtet und zur Herrschaft über alle Ordnungen des menschlichen Lebens gebracht werden. Unter dem Schutz gewissenhafter, unabhängiger und von Menschenfurcht freier Richter ist es Grundlage für alle zukünftigen Friedensgestaltung.«[156] In diesem Zusammenhang ist auch die Bestrafung der »Rechtsschänder« zu sehen: »Als Rechtsschänder ist zu bestrafen, wer wesentliche Grundsätze des göttlichen oder natürlichen Rechts, des Völkerrechts oder des in der Gemeinschaft der Völker überwiegend übereinstimmenden positiven Rechts in einer Art bricht, die erkennen lässt, dass er die bindende Kraft dieser Rechtssätze freventlich missachtet.«[157]

Und es sollten – im Sinn des Naturrechts – auch jene nicht entkommen, die lediglich »auf Befehl« gehandelt hatten. In der Tat versuchten sich in der BRD später viele darauf hinauszureden, dass sie ja im Grunde genommen keine Täter gewesen seien, sondern nur ihre Pflicht getan hätten, weil es ihnen so befohlen wurde. Die Justiz der Bundesrepublik machte sich die Grundsätze der Kreisauer nicht zu eigen, was bei der Aufarbeitung des Dritten Reiches teilweise zu beschämenden Urteilen führte – zum Beispiel im Prozess gegen den ehemaligen SS-Richter Dr. Otto Thorbeck, der Dietrich Bonhoeffer zum Tod verurteilte.[158] Eine Siegerjustiz wollten die Kreisauer aber unter allen Umständen vermeiden. Naziverbrecher sollten von deutschen Gerichten verurteilt werden, während die Kriegsverbrecher dem Internationalen Gerichtshof in Den Haag überstellt würden.

Bemerkenswert ist auch, dass sich die Kreisauer ausführlich mit der Frage der Wiedergutmachung beschäftigten. Sie galt allen, die »durch Gewalt und Willkür an Leib, Leben, Vermögen, Ehre und in ihren öffentlichen Rechten verletzten und unterschiedlich behandelten Personen (Konzentrationslager, ungerechte Urteile, Ausbürgerungen, Konfiskationen, Zurücksetzung von Beamten).«[159] Die »Rechtsschänder« sollten dafür mit ihrem Vermögen haften.

Europa-Modell

Die außenpolitischen Visionen der Kreisauer zielten auf eine politische Einigung Europas. Dabei dachte man an ein föderalistisches Staatenmodell, ähnlich dem der heutigen USA, aber mit einer einheitlichen europäischen Regierung. Es war vor allem Moltke, dem der Europagedanke am Herzen lag. Die Idee wurde jedoch von allen Kreisauern mitgetragen. Sie war aber keineswegs neu. Bereits um die Jahrhundertwende hatte der Theologe, Publizist und Politiker Friedrich Naumann seinen »Mitteleuropa-Plan« vorgelegt, einen Wirtschaftsverband unter deutscher Leitung. 1923 begründete der österreichische Graf Coudenhove-Kalergi die »Paneuropa-

Bewegung«. Sie trat für ein politisch und wirtschaftlich geeintes, demokratisches, friedliches und christliches Europa ein. Leute wie Konrad Adenauer, Gustav Stresemann, Albert Einstein und Thomas Mann begeisterten sich stark dafür. Auch Moltke, Yorck, Trott und Reichwein ließen sich von dieser Idee anstecken. Sogar das Symbol der paneuropäischen Bewegung – ein Kreuz in einem Kreis – inspirierte die Kreisauer, die es in abgewandelter Form als Erkennungszeichen für ihre Gruppe verwenden wollten.

Ein Vereinigtes Europa sollte die alten Rivalitäten zwischen Deutschland und seinen Nachbarstaaten überwinden helfen und neue politische Auswüchse verhindern. Früher als andere erkannten die Kreisauer die ersten Anzeichen des Kalten Krieges. Sie befürchteten, dass nach dem Ende des nationalsozialistischen Deutschlands das kapitalistische Amerika und die kommunistische Sowjetunion um den Einfluss in Europa kämpfen würden. Deshalb musste Europa nach dem Willen der Kreisauer eine starke, neutrale Einheit werden, um zu verhindern, dass es zum Spielball der Großmächte würde. Dabei waren sie davon überzeugt, dass ein Vereintes Europa nur dann erfolgreich sein könne, wenn eine gemeinsame Ideologie vorhanden wäre. Die Kreisauer wollten keinen Religionszwang einführen, eine christliche Haltung aber war ihrer Meinung nach vor allem in der europäischen Regierungsspitze unbedingt erforderlich. Moltke hätte es am liebsten gesehen, wenn die Nationalstaaten aufgelöst worden wären. Diese Vorstellung ging anderen Kreisauern, unter ihnen auch Delp, zu weit.

Als Europas Hauptstadt schlugen die Kreisauer Wien vor. Der Kronrat oder Bundesrat sollte aus den Staatsoberhäuptern bestehen und mindestens einmal pro Jahr die Ziele der europäischen Politik abstecken. Dieser Rat sollte zugleich Oberbefehlshaber der europäischen Streitkräfte sein, aus seiner Mitte würden Bundespräsident und Bundeskanzler gewählt. Vorgesehen war auch ein Wirtschaftsrat, der die Interessen der einzelnen Staaten vertrat. Zu den europäischen Zielen der Kreisauer gehörte auch die Vorstellung, die Binnenzölle abzuschaffen, eine gemeinsame Währung einzuführen und den Bewohnern der einzelnen Mitgliedstaaten die problemlose Beschäftigung in einem anderen Land zu ermöglichen. Die europäische Wirtschaft sollte sich nach den Prinzipien des marktwirtschaftlichen Leistungswettbewerbs entwickeln, wobei der Bund nur im Fall der Wettbewerbsverletzung eingreifen würde. Die Kreisauer erwarteten von einem europäischen Bund, dass er Kartelle, Schwerindustrie und Volkswirtschaft der einzelnen Staaten kontrollieren und die europäische Steuer- und Kreditpolitik beeinflussen würde. Die Frage, welche Staaten einem Vereinigten Europa angehören sollten, war nicht ganz einfach zu beantworten. Eine besondere Rolle kam dabei Großbritannien zu. Aufgrund seiner Bindung an das Empire einigte man sich darauf, es als außereuropäische Macht zu betrachten. Auch die Zugehörigkeit Russlands wurde von den Mitgliedern des Kreisauer Kreises unterschiedlich bewertet. Viele waren gegen eine Aufnahme, weil sie den Kommunismus ablehnten. Andere äußerten die vage Hoffnung, dass die russische Politik in einem Bündnis positiv beeinflusst werden könnte. Als Hintertürchen diente die Klausel, die den russischen Beitritt von der Basis des gemeinsamen, christlichen Glaubens abhängig machte.

Um andere europäische Völker für ihre Pläne zu gewinnen, unterhielten einige Kreisauer, vor allem Moltke, Trott und Steltzer, Kontakt mit Widerstandsgruppen in Norwegen, Schweden, den Niederlanden, Polen und Österreich. Die Kreisauer erwarteten, dass nach dem Krieg die Opposition in diesen Staaten an die Macht kommen und ihre Idee von der europäischen Einigung unterstützen würde. Moltke und Trott setzten sich auch mit den

Alliierten in Verbindung, um die Bedingungen für Deutschland nach einem Putsch gegen Hitler auszuloten. Diese Bemühungen sind im Wesentlichen gescheitert. Die Alliierten standen dem deutschen Widerstand misstrauisch gegenüber. Trotts und Moltkes Anfragen wurden in den seltensten Fällen weitergeleitet, die Memoranden gingen in der Regel nicht über das State Department bzw. das Foreign Office hinaus. Gerade das britische Foreign Office schien eine politische Beendigung des Krieges schon frühzeitig abzulehnen – auch wenn sich einige Regierungsmitglieder zunächst kooperationsbereit zeigten.

Delps »Dritte Idee«

Alfred Delp betrachtete die Arbeit an den Kreisauer Plänen folgendermaßen: »Es ist auf eine Ordnung des äußeren, sozialen, wirtschaftlichen, technischen … Lebens hinzuarbeiten, die dem Menschen ein relativ gesichertes Existenzminimum jeglicher Art (auch geistig, zeitlich, räumlich usw.) verbürgt. Das Maß des Zielbildes ist vom Menschen zu nehmen, das Ausmaß der jeweiligen Verwirklichung nach den sachlichen Möglichkeiten zu bemessen …«[160]

Arbeiter und Kirchen sollten nach der Vorstellung der Kreisauer die neue deutsche Gesellschaft bestimmen. Dabei drängte sich die soziale Frage immer wieder in den Vordergrund. Der »personale Sozialismus«, für den Alfred Delp plädierte, wurde nicht von allen, aber doch von vielen Kreisauern vertreten. Delp war überzeugt: Wenn der Mensch kein Dach über dem Kopf und nichts zu essen hat, dann darf man ihm nicht mit frommen Sprüchen kommen. Die soziale Gerechtigkeit war für ihn das Fundament einer Gesellschaft. Delp schrieb über die soziale Frage auch ein eigenes Buch mit dem Titel »Der Dritte Weg«. Leider ging das kurz vor seiner Verhaftung fertiggestellte Manuskript verloren. Delps Hinwendung zu den an den Rand Gedrängten hatte in ihrer Radikalität etwas von der späteren Befreiungstheologie Lateinamerikas.

Wie die meisten Kreisauer sah auch Delp in der ungelösten sozialen Frage die Hauptursache für den Aufstieg der Nationalsozialisten. »Das Schicksal jeder kommenden Neufassung«, so schrieb er, »ist abhängig davon, ob es endlich gelingt, den Arbeiter als Arbeiter (nicht als Genossen und nicht als Volksgenossen) in die Gemeinschaft einzugliedern.«[161] Was Delp forderte, war eine »justitia socialis«, eine soziale Gerechtigkeit. Er berief sich dabei auf Papst Pius XI. und seine Enzyklika »Quadragesimo Anno«. Die päpstliche Soziallehre versuchte er auch den Mitgliedern des Kreisauer Kreises nahezubringen. Damit erntete er in der Widerstandsgruppe zunächst Verwunderung, hatte der Papst doch behauptet, dass ein christlicher Sozialismus in sich widersprüchlich sei (QA 118). Ein Grund dafür mag die zumeist antichristliche Haltung der Sozialisten gewesen sein, die er vor Augen hatte. Wohl deshalb benutzte Delp den Begriff des »personalen Sozialismus«. Zum einen geriet er damit dem Heiligen Vater gegenüber nicht in Erklärungsnöte, zum anderen hatte er mit der Vermeidung des Wortes »christlich« eine bessere Basis für das Gespräch mit den sozialistischen Vertretern des Kreises gefunden. Neu war dieser Begriff nicht. Neben Wilhelm Leuschner präsentierte auch der Finanzexperte Günter Schmölders dem Kreisauer Kreis seine Idee vom »personalistischen Sozialismus«. Sie alle waren offenbar infiziert von der personalistischen Bewegung, die in der Zwischenkriegszeit in Frankreich entstanden war. Ihr Begründer, Emmanuel Mounier, der Herausgeber der Zeitschrift »Esprit«, hatte sogar ein »personalistisches Manifest« verfasst. Zu den Mitstreitern, die sich um ihn scharten, gehörte auch der berühmte russische Philosoph Nicolai Berdjajew. Er prophezeite: »Ein neuer Tag bricht für das Christentum an. Ihm kann im sozialen Plan nur der religiöse, der personalistische Sozialismus entsprechen, der das Prinzip der Persönlichkeit mit den Forderungen der Gemeinschaft in Übereinstimmung bringt.«[162]

Ernst Keßler, ein Freund Delps, rekonstruierte Delps verschollenes Manuskript »Die Dritte Idee«. Demnach äußerte sich Delp zur Unvereinbarkeit von Christentum und Sozialismus folgendermaßen: »Der dritte Weg, der die beiden Pole, hier freies Spiel der Kräfte und dort Kollektivismus, auf einer höheren Ebene auszugleichen und den Sozialismus aus einer marxistischen Umklammerung zu befreien sucht, dieser personale Sozialismus kann die tragende Brücke zu einer Versöhnung werden, die längst fällig ist: der Versöhnung zwischen sozialistischer Arbeiterbewegung und Christentum.«[163] Nachdrücklich weist Delp darauf hin, die Begriffe »Sozialismus« und »Marxismus« nicht miteinander zu vermischen. Seiner Meinung nach war der Kapitalismus gescheitert. Er hatte zu »übermächtige(n) Kapital- und Machtzusammenballungen«[164] geführt und »unter skrupellosem Missbrauch des Molochs Geld die Menschen zu Sklaven gemacht«.[165] Aber auch der Marxismus hatte versagt, weil er seinem Wesen nach zutiefst »menschenfremd« sei. Der »personale Sozialismus« sollte aber nun nicht einfach beide Extreme miteinander verbinden. Delps Überlegungen machen deutlich, dass der Einzelne und die Gesellschaft aufeinander angewiesen, in Freiheit aneinander gebunden sind. Wer immer sich dies bewusst macht, übernimmt seiner Meinung nach Verantwortung. Der Einzelne darf nicht auf Kosten der Gesellschaft leben, umgekehrt darf das Wohl der Person auch nicht einer Gesellschaft rücksichtslos geopfert werden.

An seine Thesen knüpfte Delp konkrete Forderungen. So sei rechtmäßig erworbener Besitz als Sondereigentum zu betrachten, der einer Person entzogen werden könne, wenn es das Gemeinwohl erfordere. Delp strebte außerdem ein Existenzminimum an, ohne das ein menschenwürdiges Leben nicht möglich sei. Durch eine Einkommens- und Lohnreform wollte Delp dem Arbeiter zumindest eine Gewinnbeteiligung am Betrieb verschaffen, ihn eventuell sogar zum Miteigentümer machen. Um die wirtschaftliche Macht zu brechen, hielt er auch die Verstaatlichung mancher Industriezweige für möglich. Mit Nachdruck setzte sich Delp für verbesserte Arbeitsbedingungen ein. Dabei dachte er vor allem an die Probleme, die eine arbeitsteilige Produktionsweise in Großbetrieben mit sich bringt. Delp bezeichnete sie als »entpersönlichend«. Er plädierte aber auch für Weiterbildungsmaßnahmen, um die Aufstiegschancen der Arbeitnehmer zu erhöhen. Geradezu selbstverständlich war für ihn die Vollbeschäftigung. Den Weg dorthin verriet Delp jedoch nicht.

Ansätze für Delps »Dritte Idee« fanden sich auch in der überdiözesanen Männerseelsorge wieder, in der Delp seit 1940 mitarbeitete. Dort organisierte er Tagungen, auf denen es um das »Vertrauen in die Kirche« ging, um die »Bedeutung des Gebrauchs der Genussmittel«, aber auch um die »heimkehrenden Soldaten«. Gerade Letzteres war ein Problem, mit dem sich Delp intensiv beschäftigte. Mit welchen seelischen Wunden würden die Soldaten aus diesem Krieg zurückkehren? Was würde sie daheim erwarten? Würde die Rückkehr in die Familie gelingen? Welche partnerschaftlichen Probleme ergaben sich, und wie konnte der heimatlos gewordene Soldat wieder ins Leben integriert werden? Das Protokoll einer Arbeitskreissitzung zu diesem Thema zeigt, dass Delp auch hier den Ausweg aus aller Verwirrung in einem »dritten Weg« sah: »Die nächstliegende Frage eines jeden Krieges ist: Wofür kämpft der Soldat? Vom Osten her stürmt die echte Revolution gegen Deutschland, vom Westen her droht die Restauration und Reaktion.

Dazwischen steht Deutschland ohne eine eigentliche echte Haltung. Es muss gelingen, den dritten Gedanken zu formulieren, der die Revolution und Reaktion überwindet, den dritten Gedanken, der ein Neues ist, eine Synthese, die wie ein Ruf an alle ist, der von allen deutschen Menschen gehört und befolgt werden kann. Aus diesem dritten Gedanken muss sich die künftige und gültige Lebensform gestalten.«[166]

Moltkes Ziele und Gedanken

Die »Grundsätze für die Neuordnung« sind das Ergebnis vieler endloser Diskussionen des Kreisauer Kreises. Sie sind ein Kompromiss, auf den sich die in ihrem Denken so unterschiedlich geprägten Teilnehmer schließlich einigten. Auch Moltke musste Zugeständnisse machen; nicht immer konnte er seine Vorstellungen durchsetzen. In Ansätzen sind diese in seinen Denkschriften nachzulesen:

1. Die kleinen Gemeinschaften
2. Über die Grundlagen der Staatslehre
3. Ausgangslage, Ziele und Aufgaben (Letztere erschien in drei Versionen)

Wenn Moltke schrieb, wurde sein Kopf frei. Er konnte seine Gedanken klarer strukturieren: »Lieber Yorck, nun, da wir damit rechnen müssen, einen Triumph des Bösen zu erleben und, während wir gerüstet waren, alles Leid und Unglück auf uns zu nehmen, statt dessen im Begriff sind, einen viel schlimmeren Sumpf von äußerem Glück, Wohlbehagen und Wohlstand durchwaten zu müssen, ist es wichtiger als je, sich über die Grundlagen einer positiven Staatslehre klar zu werden. Zu dieser Klärung – meines eigenen Kopfes, nicht des Ihren – möchte ich mit diesem Briefe etwas beitragen, indem ich an eine Unterhaltung zwischen Ihnen, Schulenburg und mir vor nicht ganz vierzehn Tagen anknüpfe ...«[167]

Die Denkschriften dienten als Arbeitspapier und als Diskussionsgrundlage. In der Thematik überschneiden sie sich teilweise. Moltkes Vision von den kleinen Gemeinschaften durchzieht auch sein letztes Memorandum »Ausgangslage, Ziele und Aufgaben«. Es war der Gedanke der Subsidiarität, den er verwirklicht sehen wollte: individuelle Freiheit und Verantwortung vor staatlichem Handeln. »Tu, was du selbst tun kannst«, lautet die Maxime. Diese Idee war nicht neu, sondern hatte ihre Vorläufer im Liberalismus und in der katholischen Soziallehre des 19. Jahrhunderts. Auch Papst Pius XI. trat in seiner Sozialenzyklika »Quadragesimo Anno« für die Selbstverwaltung ein. Das Thema war aufgrund der negativen Erfahrung mit den totalitären Strukturen im Hitler-Deutschland wieder aktuell geworden. Auch Delp hatte sich daher – unabhängig von Moltke – mit den kleinen Gemeinschaften auseinandergesetzt. Gemeinsam traten sie für die Betriebsgewerkschaften ein; sie sollten die große, unpersönliche Gewerkschaft ablösen, in denen immer nur einige wenige sich verantwortlich fühlten und die anderen sich bedienen ließen. In den kleinen Betriebsgemeinschaften jedoch war der einzelne Arbeiter gefragt.

Betrachtet man Moltkes Denkschriften im Kontext der Kreisauer Gespräche, so wird deutlich, dass die kleinen Gemeinschaften beinahe jeden Bereich des menschlichen Lebens durchziehen sollten. Gezwungen werden sollte allerdings niemand; die Zugehörigkeit zu einer Gruppe war freiwillig, auch wenn sich Moltke vorstellte, dass irgendwann jeder Bürger in einer solchen »kleinen Gemeinschaft« beheimatet sein würde. Moltkes Denkschrift »Die kleinen Gemeinschaften« entstand 1939 oder 1940. Er entwarf darin die ersten Neuordnungspläne – eine neue Gesellschaft. »Die kleinen Gemeinschaften«

sollten zum Ausgangspunkt für das ganze politische System werden. Moltke orientierte sich dabei an angelsächsischen Verhältnissen, in denen die private Initiative einen höheren Stellenwert als die öffentliche hat. »... Gegenüber der großen Gemeinschaft, dem Staat, oder etwaigen noch größeren Gemeinschaften, wird nur der das rechte Verantwortungsgefühl haben, der in kleineren Gemeinschaften in irgendeiner Form an der Verantwortung mitträgt, andernfalls entwickelt sich bei denen, die nur regiert werden, das Gefühl, dass sie am Geschehen unbeteiligt sind, und bei denen, die nur regieren, das Gefühl, dass sie niemandem Verantwortung schuldig sind als der Klasse der Regierenden ...«[168]

Kleine Gemeinschaften – das konnten soziale, kulturelle und religiöse Vereinigungen sein wie zum Beispiel Kindergärten, Kirchen, Schulen, die freiwillige Feuerwehr, aber auch Einkaufs- und Absatzgenossenschaften. Unter bestimmten Aspekten konnte sich Moltke auch wirtschaftliche Organisationen als »kleine Gemeinschaften« vorstellen, solange sie sich dem Gemeinwohl verpflichtet fühlten. Moltkes Ziel war es, nicht nur neue soziale und politische Lebensformen zu schaffen, sondern darüber hinaus dem Einzelnen zu mehr Willensbildung, Verantwortungsgefühl und demokratischem Bewusstsein zu verhelfen. Die einzelne Person drohte seiner Meinung nach in der anonymen Masse unterzugehen. Sie sollte nicht länger fremdbestimmt ihr Leben fristen, sondern lernen, selbst zu denken und selbst zu handeln, allerdings mit Rücksicht auf andere. In kleinen Gruppen gelang dies nach Moltkes Ansicht am besten. Hier musste man sich mit den Entscheidungen der anderen auseinandersetzen und sich die Mühe machen, sie zu verstehen. Jede kleine Gemeinschaft war eine Art Ministaat, in der demokratische Verhaltensweisen eingeübt werden konnten. Moltkes Gedankenmodell lief letzten Endes auf eine klassenlose Gesellschaft hinaus. Die kleinen Gemeinschaften waren für Moltke von größter Bedeutung. In »Ausgangslage, Ziele und Aufgaben« forderte er sogar, dass nur derjenige wählen oder ein Staatsamt bekleiden dürfe, der sich schon in einer kleinen Gemeinschaft bewährt habe. Die politische Variante der kleinen Gemeinschaften bildeten die sogenannten Gemeinwesen: Landgemeinde, Kreis, Stadt, Provinz.[169] Und von Anfang an sah Moltke die Neugestaltung der sozialen und politischen Lebensformen in einem europäischen Zusammenhang. So schrieb er, »dass das Kriegsende eine Chance zur günstigen Neugestaltung der Welt bietet«.[170] Wie diese neue Welt aussehen sollte, darüber hatte sich Moltke bereits 1940 in seiner Denkschrift »Über die Grundlagen der Staatslehre« Gedanken gemacht. In »Ausgangslage, Ziele und Aufgaben« präzisierte er sie, sodass dieses letzte Memorandum quasi als Basis für die Gespräche des Kreisauer Kreises diente. Drei Dinge schienen ihm in dieser Schrift besonders wichtig: die Bindung in Freiheit, das Verantwortungsgefühl des Einzelnen und die Ausdrucksformen. Der machtbesessene, rassistische, nationalistische Staat sollte überwunden werden, und zwar mit Menschen, denen ethische Werte wieder etwas bedeuteten. »Freiheit ist das Gegenstück der Gebundenheit; beide gehören zusammen ...«[171]

Bindung in Freiheit – nur auf den ersten Blick klingt dies nach einem Widerspruch in sich. Die Freiheit, die Moltke in diesem Zusammenhang meint, ist die geistige Freiheit im Sinn von Unabhängigkeit. Diese Forderung erhält umso mehr Gewicht, wenn man sich vor Augen hält, dass Moltke sie in einer Zeit aussprach, in der ganze Menschenmassen durch geschickte Propaganda manipuliert wurden. Der Einzelne war zu einer ferngesteuerten Marionette verkommen. Nur geistige Unabhängigkeit bewahrte den Menschen davor, einem falschen Führer hinterherzulaufen. Sie ist die Voraussetzung für kritisches Hinterfragen und schafft die notwendige Distanz. Wer keinen Halt außerhalb dieser Welt findet, wer keine ethischen Wurzeln schlägt, mit dem haben andere leichtes Spiel. Für Moltke war die Bindung an ethische Werte durchaus synonym mit dem religiös-christlichen Gedankengut, auch wenn er das Christentum nicht ausdrücklich zur Staatsreligion erheben wollte. Natürlich wusste er, dass sich diese Bindung in Freiheit nicht staatlich verordnen ließ. Der Staat konnte sie nur fördern. Die Methode erscheint uns Heutigen allerdings reichlich autoritär: »… strikte Einhaltung der Sonntagsruhe, Verbot aller sportlichen und sonstigen Unternehmungen während der Kirchzeit.«[172] Die Bindung in Freiheit hat Folgen. Aus ihr erwächst ein neu gewonnenes Verantwortungsgefühl, das den Menschen in die Lage versetzt, die »richtigen« Entscheidungen zu treffen – Entscheidungen, die nicht nur dem Einzelnen, sondern auch der Gemeinschaft dienen. Moltke war überzeugt: »Nichts, was in der Welt geschieht und manchmal geschehen muss, würde gemeinschaftszerstörend wirken, wenn es, für alle kenntlich, von dem Verantwortungsgefühl getragen wäre und wenn es letztlich unter dem Satz stünde, Liebe deinen Nächsten wie dich selbst?…«[173] Doch all das lässt sich nach Moltke nur erreichen, wenn auch die »Ausdrucksformen« wiederhergestellt würden. Ein Ja müsse wieder ein Ja werden, ein Nein müsse Nein bleiben. Eine fruchtbare Zusammenarbeit innerhalb einer Gemeinschaft ist in Moltkes Augen nur dann gewährleistet, wenn die in ihr lebenden Menschen ehrlich und zuverlässig sind.

Moltkes Forderungen klingen in mancherlei Hinsicht abstrakt, wenn nicht gar utopisch. Er selbst stellte sich gerade in seiner letzten Denkschrift viele Fragen, auf die er keine Antworten geben konnte. Er wusste, dass seine Ziele »unscharf« blieben. Er wusste nicht, ob seine Visionen richtig, ob sie erreichbar sind. Die Forderungen, die er an eine neue Gesellschaft und an den einzelnen Menschen stellt, setzen voraus, dass der Mensch lernfähig und vernünftig ist und dass er einsieht, sich ändern zu müssen. Die Realität zeigt uns, dass dies leider nicht der Fall ist und dass der Mensch sich auch nicht in jede gewünschte Richtung erziehen lässt.

Auswirkungen der Kreisauer Pläne

Wenn die Bundesregierung heute darüber nachdenkt, Arbeitnehmer am betrieblichen Gewinn zu beteiligen, dann ist es interessant, sich vor Augen zu halten, dass diese Möglichkeit schon von Alfred Delp und anderen Kreisauern angestrebt und heftig diskutiert wurde. Einen nicht zu unterschätzenden Einfluss hatten die Kreisauer Pläne auf das Ahlener Programm, das am 3. Februar 1947 von der rheinisch-westfälischen CDU verabschiedet wurde. Eine Bundes-CDU gab es noch nicht, und auch die Bundesrepublik war noch nicht gegründet. In den Westzonen wurde heftig über die künftige Wirtschaftsverfassung gestritten. Der Berliner Christdemokrat Jakob Kaiser setzte sich dafür ein, dass im Ahlener Programm schließlich ein christlicher Sozialismus festgeschrieben wurde. Kaiser forderte mehr Mitbestimmung für die Arbeitnehmer. Sie sollten in die Aufsichtsräte der Großbetriebe aufgenommen werden. Nur so konnte seiner Meinung nach die politische Macht der Schwerindustrie, die die Nationalsozialisten unterstützt hatte, gebrochen werden. Das Ahlener Programm sprach sich auch für die gesetzliche Kontrolle des Geld-, Banken- und Versicherungswesens aus.

»Das kapitalistische Wirtschaftssystem ist den staatlichen und sozialen Lebensinteressen des deutschen Volkes nicht gerecht geworden. Nach dem furchtbaren politischen, wirtschaftlichen und sozialen Zusammenbruch kann nur eine Neuordnung von Grund auf erfolgen. Inhalt und Ziel dieser sozialen und wirtschaftlichen Neuordnung kann nicht mehr das kapitalistische Gewinn- und Machtstreben, sondern nur das Wohlergehen unseres Volkes sein.« Als ehemaliger Gewerkschaftler war Kaiser im Berliner Widerstand aktiv gewesen. Er hatte der Goerdeler-Gruppe nahegestanden, unterhielt aber über Wilhelm Leuschner auch indirekte Kontakte zum Kreisauer Kreis. In der Berliner CDU fanden sich auch einige der ehemaligen, noch lebenden Kreisauer wieder: Steltzer, Lukaschek, Gablentz und Husen. Kaiser propagierte nun nach dem Krieg den »dritten Weg« zwischen dem Sowjetsystem und dem westlichen Kapitalismus. Seiner Meinung nach war es nur selbstverständlich, dass ein Teil der Großindustrie in öffentlichen Besitz übergehen sollte. Einen »Staatskapitalismus« lehnte er jedoch ab.

Konrad Adenauer billigte das Ahlener Programm zähneknirschend. Schon zwei Jahre später hatte er jedoch seine Strategie, die sich an der sozialen Marktwirtschaft orientierte, durchgesetzt, und das Programm wurde durch die Düsseldorfer Leitsätze fast komplett widerrufen. Der Finanzwissenschaftler Günter Schmölders, ein ehemaliges Mitglied des Kreisauer Kreises, beklagte später den Wandel vom Sozialstaat zum »Wohltatenstaat«, der ohne Rücksicht auf ein ökonomisches Gleichgewicht die Ansprüche aller zu befriedigen suchte – mit weitreichenden Folgen. Das gesellschaftspolitische Modell der Kreisauer setzte hingegen auf Solidarität anstatt auf individualistisches Denken.

Während seiner Zeit als Oberbürgermeister von Köln lernte Konrad Adenauer Frau Deichmann, Freyas Mutter, kennen, die in gemeinnützigen Angelegenheiten der Stadt arbeitete. Beise schätzten sich sehr. Auch Moltke hielt viel von Adenauer. Er hatte sich damals überlegt, ihn für die Mitarbeit im Kreisauer Kreis zu gewinnen. Freya meinte allerdings, »er sei dafür schon zu alt«.[174] (In einem Brief an die Autorin bezweifelt Freya von Moltke allerdings rückblickend, ob Adenauer wirklich bei den Kreisauern mitgearbeitet hätte. Es wäre ihm zu gefährlich gewesen; Adenauer wollte überleben und hinterher noch da sein. Da sei sie sich sicher.) Umso interessanter ist es, dass Adenauer sich nach dem Krieg für die Gründung der »Vereinigten Staaten von Europa« einsetzte. Langfristig sah er darin die einzige Lösung für ein friedliches Europa. Ein halbes Jahrhundert nach dem Zerfall des Kreisauer Kreises wurde diese Vision zumindest in Ansätzen Wirklichkeit. Einige Elemente, die in den Konzepten des Kreisauer Kreises auftauchten, kann man heute in der Europäischen Union wiederfinden, zum Beispiel die einheitliche Währung oder die enge volkswirtschaftliche Verflechtung der Mitgliedsstaaten. Nicht zuletzt erinnert auch die Verankerung der Menschen- und Grundrechte in einer gemeinsamen europäischen Verfassung an die Ideen der Kreisauer.

IV. Lebensende

»Das letzte Bild des Lebens kann nicht ein Totenfeld sein« – Alfred Delp

»Wir werden gehenkt, weil wir zusammen gedacht haben« – Helmuth James Graf von Moltke

Das Ende des Kreisauer Kreises

Als Moltke am 16. Januar 1944 verhaftet wurde, löste sich der Freundeskreis zwar nicht auf, die politische Zusammenarbeit fand jedoch ein jähes Ende. Einige der Kreisauer schlossen sich Claus Schenk von Stauffenberg an, um das Attentat auf Hitler vorzubereiten. Gemeinsam wandten sie sich gegen die Kanzlerambitionen Goerdelers, der überdies im Reich umherreiste und Ministerposten für das neue Deutschland verteilte. Die Kreisauer kürten dagegen Leber als Kanzleramtskandidaten. Adam von Trott schlug sogar Pastor Niemöller für diesen Posten vor, der im KZ Dachau inhaftiert war.

Im Sommer 1944 änderte sich die Lage an den Kriegsschauplätzen. Am 6. Juni landeten die Alliierten in der Normandie – für viele Kreisauer ein glücklicher Tag, der Anlass zu neuen Hoffnungen gab. Im Osten zerschlug die Sowjetunion fast die gesamte Heeresgruppe Mitte. Ihre Armeen rückten unaufhaltsam nach Warschau und Ostpreußen vor. Am 3. Juli eroberte die Rote Armee Minsk zurück; zehn Tage später erreichte weiter südlich eine andere Einheit Lemberg an der Weichsel.

Anfang Juli wurden Reichwein und Leber von einem Kommunisten verraten und anschließend verhaftet. Auch für Peter Yorck, den Vetter Stauffenbergs, war die Zeit nun reif zum Handeln. Nach Auskunft des evangelischen Pfarrers Poelchau überzeugte er den noch unschlüssigen Teil der Kreisauer. Nach dem missglückten Attentat wurden Yorck und Gerstenmaier im Oberkommando des Heeres in der Bendlerstraße verhaftet.

Am 7. und 8. August 1944 stand Yorck als erster Kreisauer vor Roland Freisler, dem Präsidenten des Volksgerichtshofs. Yorck beschönigte nichts und leugnete nichts. Seinen Widerstand gegen das Regime begründete er damit, dass er die Behandlung der Juden und die nationalsozialistische Rechtspraxis nicht länger habe verantworten können. Tod durch Erhängen, lautete das Urteil. Noch am selben Tag wurde Peter Yorck in Plötzensee hingerichtet. In einem bewegenden Abschiedsbrief an seine Mutter schrieb er: »Dass ich Dir diesen Kummer bereitet, ist mir ein sehr großer Schmerz nach alledem, was Du an Traurigem erleben musstest. Ich bitte Dich, mir das von ganzem Herzen zu vergeben. Ich habe über zwei Wochen Zeit gehabt, mich und mein Handeln vor Gott zu stellen, und bin überzeugt, in ihm einen gnädigen Richter zu finden … Vielleicht kommt doch einmal die Zeit, wo man eine andere Würdigung für unsere Haltung findet, wo man nicht als Lump, sondern als Mahnender und Patriot gewertet wird.«[175]

Poelchau, der als Gefängnispfarrer arbeitete und der den Naziterror unbeschadet überlebte, begleitete viele seiner Freunde in den Tod. Yorck konnte ihm noch mitteilen, dass die Gestapo bislang nichts vom Kreisauer Kreis wusste. Dann drangen SS-Männer in die Zellen ein. Sie filmten Yorck wie auch die anderen Gefangenen, die zur Hinrichtung geschleppt wurden. Hitler wollte den gesamten Prozess auf Zelluloid gebannt sehen, »von der Verhandlung vor dem Volksgerichtshof bis zu den letzten Zuckungen der Opfer am Galgen«.[176] Der Film sollte in den Kinos öffentlich vorgeführt werden. Allerdings kamen die Naziführer schon nach den ersten Hinrichtungen zu der Erkenntnis, dass er weniger abschreckend als demoralisierend wirkte. Die Kamera zeigte Freisler so, wie er wirklich war – in der Fratze des Bösen; und ungeschminkt dokumentierte sie das Leiden der Angeklagten. Es bestand die Gefahr, dass jedem, der diesen Film sah, die Augen aufgingen und er die Methoden der Nazis in Frage stellen würde. Die Reality-Show wurde eingestampft.

Wenige Tage später mussten sich Hans Bernd von Haeften und Adam von Trott verantworten. Haeften wollte nicht einsehen, warum er sich für einen Verräter halten sollte, und erklärte dem tobenden Freisler unumwunden, dass Hitler »der Vollstrecker des Bösen in der Geschichte«[177] sei. Haeften wurde noch am gleichen Tag hingerichtet. Nicht so Trott. Seine internationalen Kontakte machten ihn für Freisler besonders interessant. Er musste noch bis zum 26. August auf seine Hinrichtung warten. Freisler hoffte, noch mehr Einzelheiten aus ihm herausholen zu können. Trott hätte vor seiner Verhaftung mit Hilfe von Freunden in die Schweiz oder nach Spanien fliehen können. Er lehnte ab, weil er seine Familie nicht in Gefahr bringen wollte. Erst am 20. Oktober standen mit Leber und Reichwein wieder Mitglieder des Kreisauer Kreises vor Gericht, das erwartungsgemäß ebenfalls mit der Todesstrafe endete. Beide waren schwer misshandelt worden. Reichwein hatte durch die Folter seine Stimme verloren; nur mit Mühe konnte er sich noch in der Verhandlung vor Freisler verständlich machen und seine Würde wahren.

Opfer eines Spions?

Am ausführlichsten beschreiben Michael Balfour, Julian Frisby und Freya von Moltke die Hintergründe zu Moltkes Verhaftung.[178] Demnach muss man davon ausgehen, dass Moltke – allerdings nur indirekt – Opfer eines Spions wurde. Der hieß Paul Reckzeh, war Arzt und tauchte im Sommer 1943 unerwartet in der Schweiz auf, um sich bei der Tochter des italienischen Malers Giovanni Segantini in Erinnerung zu bringen. Bianca Segantini war von dem Wiedersehen weit weniger entzückt als er. Zuletzt hatte sie Reckzeh gesehen, als er noch ein Junge war. Seine Eltern reisten regelmäßig mit ihm ins Engadin. Das war viele Jahre her. Inzwischen hatte sich nicht nur die Welt, sondern auch Reckzeh verändert. Er erschien mit einer jungen Frau, die er als seine Gemahlin ausgab, und Bianca Segantini blieb nichts anderes übrig, als den beiden höflich ihre Gastfreundschaft zu erweisen. Das Paar kam denn auch bald zur Sache und lenkte das Gespräch auf die Zustände in Deutschland, mit denen sie angeblich gar nicht einverstanden waren. Segantini verbat sich jedes politische Gespräch – vergeblich. Denn nun zog Frau Reckzeh alle Register ihres schauspielerischen Könnens. Sie fühle sich so allein in Berlin, jammerte sie. Sie wünsche sich sehnlichst ein paar Gleichgesinnte. Diese Masche erweckte Segantinis Mitleid. Ihr fiel Elisabeth von Thadden ein, die ein evangelisches Mädcheninternat in der Nähe von Heidelberg gegründet hatte. Nach dessen Verstaatlichung hatten die Nazis sie aber unsanft aus der Schule hinausbefördert. Nun war sie beim Deutschen Roten Kreuz angestellt und leitete Soldatenheime. Reckzehs sollten sich doch einfach auf Bianca Segantini berufen und Kontakt mit von Thadden aufnehmen. Frau Reckzeh schien überglücklich. Am nächsten Tag rief ihr Mann bei Bianca Segantini an, bedankte sich nochmals artig und erbat nebenher ein schriftliches Empfehlungsschreiben für

Fräulein von Thadden. Sie wisse ja, in Deutschland misstraue jeder jedem und ob da eine mündliche Erklärung ausreiche?

Anfang September erhielt Elisabeth von Thadden Besuch, allerdings nicht von Frau Reckzeh, sondern von Herrn Reckzeh. Thadden fand ihn nicht unsympathisch, schon allein weil er sich als überzeugter Antinazi outete, und außerdem war er ihr ja auch von ihrer guten Freundin empfohlen worden. Verständlich, dass sie ihn zum Geburtstag ihrer Schwester einlud, der ausgiebig gefeiert werden sollte. Dort würde er einige ihrer besten Bekannten kennenlernen. Natürlich könne Herr Reckzeh auch seine Frau mitbringen. Doch die einsame Frau Reckzeh, die in Berlin so sehr nach zuverlässigen Kontakten dürstete, war verschwunden und blieb es auch. Herr Reckzeh erschien allein zum Fest und lernte in der Tat sehr interessante Leute kennen. Denn erschienen war auch ein Großteil des »Solf-Kreises«, dem das Fräulein von Thadden angehörte. Der Solf-Kreis war – von außen betrachtet – nichts weiter als eine Teegesellschaft, die sich regelmäßig in der Berliner Wohnung von Hanna Solf traf. Die Witwe des verstorbenen deutschen Botschafters Wilhelm Solf versammelte Gegner des NS-Regimes in ihrem Salon. Die meisten stammten aus dem diplomatischen Korps des Auswärtigen Amtes und damit aus dem direkten Umfeld Wilhelm Solfs. Ein gemeinsames Anliegen war ihnen die Hilfe für Verfolgte, vor allem für Juden. Vom Solf-Kreis wurden weder Attentate geplant noch Pläne für ein neues Deutschland nach Hitler geschmiedet. Hier fanden sich Gleichgesinnte, die sich in ihrer gemeinsamen Abneigung gegen den Nationalsozialismus bestärkten. Es gab aber einige Bekanntschaften, etwa zur Militäropposition und über Otto Kiep, einem Kollegen Moltkes, auch zum Kreisauer Kreis. Die Kreisauer selbst mieden diese Zusammenkünfte, zum einen, weil nur viel geredet, aber nicht gehandelt wurde;

zum andern, weil die Mitglieder sich zu unvorsichtig verhielten.

Auch diesmal – anlässlich des Geburtstagsfestes – konnten sich die Angehörigen des Solf-Kreises das Politisieren nicht verkneifen. Tags zuvor hatte Italien kapituliert. Alle waren davon überzeugt, dass der Krieg endgültig verloren sei. Hitler müsse schleunigst durch Männer ersetzt werden, mit denen die Alliierten verhandeln würden. Irgendwer erwähnte in diesem Zusammenhang den Namen Goerdelers. Reckzeh gefiel es außerordentlich auf diesem Fest. Als er sich schließlich verabschiedete, bot er sich als Kurier an. Er fahre bald wieder in die Schweiz und könne Briefe mitnehmen. Dieses überaus freundliche Angebot nahm allerdings nur Fräulein von Thadden in Anspruch. Sie schrieb eine kurze Nachricht an einen Verwandten, der für den Weltkirchenrat tätig war. In der Nacht plagten sie allerdings Zweifel. Tags darauf forderte sie den Brief zurück und bekam zur Antwort, Reckzeh habe den Brief vernichtet, da er das Ganze selbst für zu gefährlich hielt. Wenige Tage später wurden die Telefone der Solf-Kreis-Mitglieder abgehört, auch das von Goerdeler, obwohl dieser schon lange nicht mehr den Salon der Hanna Solf betreten hatte. Der Beamte, der den Auftrag zur Abhöraktion erhalten hatte, stand dem Widerstand nahe und informierte Hauptmann Gehre, der ebenfalls in der Abwehr tätig war. Gehre setzte daraufhin Moltke in Kenntnis, und dieser warnte Otto Kiep. Kiep alarmierte den Solf-Kreis. Das Rad begann sich immer schneller zu drehen. Das Fatale war jedoch nicht die Abhöraktion, sondern das nun folgende Verhalten der überwachten Personen. Sie telefonierten nämlich kaum noch und ließen Reckzeh deutlich spüren, dass sie auf seine Gesellschaft keinen Wert mehr legten. Da weitere Informationen ausblieben, witterte der Sicherheitsdienst schnell, dass jemand den Solf-Kreis gewarnt haben musste. Die Frage war nur, wer dieser »Jemand« war. Um das herauszufinden, verhaftete man Otto Kiep, Frau Solf mit Tochter, Fräulein von Thadden und viele andere, die Reckzeh ins Netz gegangen waren. Kiep wurde so lange geschlagen, bis er den Namen Moltkes preisgab. Der SD war zufrieden. Endlich hatten sie etwas gegen Moltke in der Hand.

Kiep musste schwere Folterungen über sich ergehen lassen, bevor er 1944 schließlich hingerichtet wurde. Auch Elisabeth von Thadden wurde ein Jahr nach ihrer Begegnung mit Reckzeh in Plötzensee von Nazischergen ermordet. Hanna Solf überlebte mit ihrer Tochter das Kriegsende, weil die Gerichtsverhandlung mehrmals verschoben wurde.

Und Paul Reckzeh? 1945 verhafteten ihn die Sowjets, verurteilten ihn zu fünfzehn Jahren Zuchthaus, begnadigten ihn aber schon zwei Jahre später. Reckzeh ließ sich in West-Berlin nieder. Er verlangte Haftentschädigung und wurde von einem Freund Kieps enttarnt. Reckzeh floh in die DDR. In Ost-Berlin versah er viele Jahre seinen Dienst als Chefarzt. Nebenher betätigte er sich fleißig als Stasimitarbeiter, der sich nicht einmal davor scheute, seine eigene Tochter bei der Stasi anzuzeigen, weil sie in den Westen wollte. Er befürchtete offenbar, dass sie sich an sein Vermögen heranmachen würde, das in westdeutschen Banken lagerte. Nach der Wende lebte Reckzeh bis zu seinem Tod in Hamburg.

Berlin – Ravensbrück – Berlin

Nachdem seine Berliner Wohnung ausgebombt worden war, hatte Moltke Unterschlupf bei den Yorcks gefunden. Am 19. Januar 1944 stand die Gestapo vor dem Haus, um ihn zu verhaften. Von der Kreisauer Tätigkeit ahnte die Gestapo zu diesem Zeitpunkt noch nichts. Und die Tatsache, dass Moltke Kiep gewarnt hatte, war noch kein schweres Verbrechen. Aber die Gestapo sah darin endlich einen Grund, den unbequemen Moltke von seinem Posten zu entfernen. Die gesamte Abwehr war Hitler schon seit längerem ein Dorn im Auge. Im Februar wurden deshalb die Hauptabteilungen Himmler unterstellt.

Moltke wurde zunächst ins Hauptquartier des Reichssicherheitshauptamtes gebracht. Die ersten Verhöre waren erträglich. Schlimm waren allerdings die nächtlichen Luftangriffe. Während sich die Wachen in die Luftschutzkeller verzogen, ließen sie die Gefangenen gefesselt in den Zellen zurück. Als die Angriffe schlimmer wurden, hielt man es für besser, wichtige Gefangene an einen anderen Ort zu bringen. Moltke wurde deshalb am 7. Februar mit Kiep und anderen Anhängern des Solf-Kreises ins KZ Ravensbrück verlegt. Ravensbrück war eigentlich ein Konzentrationslager für Frauen. Immer öfter kamen dort aber in einem Seitentrakt auch politische Gefangene unter. »Schutzhaft« hieß dies im Falle Moltkes. Seine Haftbedingungen waren dort relativ erträglich. Er musste keine Sträflingskleidung tragen, durfte lesen, im Hof spazieren gehen und sogar seine Akten bearbeiten. Das zeigt, dass die Vorwürfe, die man gegen ihn erhob, nicht allzu schwerwiegend waren. Man zog offenbar eine Strafversetzung in Erwägung. Ein Gestapo-Offizier stellte ihm eine Arbeit in einer Munitionsfabrik in Aussicht, womit Moltke einverstanden gewesen wäre. Keinesfalls aber wollte man ihn auf seinen alten Posten zurückschicken, obwohl er dort dringend gebraucht wurde.

Freya durfte ihn einmal monatlich besuchen. Von den Beamten wurde sie immer zuvorkommend behandelt. Ihr Mann klärte sie allerdings darüber auf, dass es sich hier um Menschen mit zwei Gesichtern handelte. Sie konnten auch anders, zum Beispiel »Fingernägel ausreißen«.[179] Helmuth James wurde jedoch nie gefoltert. Zunächst war es die Achtung vor dem alten Feldmarschall, die Hitlers Schergen davon abhielt. Später wäre allerdings auch das kein Hinderungsgrund mehr gewesen. Helmuth James blieb nicht verborgen, wie die Frauen in Ravensbrück gefoltert, wie Männer erschossen und gehenkt wurden. Die Schornsteine im Krematorium rauchten oft genug, auch wenn Ravensbrück nicht als Vernichtungslager konzipiert war.

Alles sah danach aus, als ob Moltke bald wieder auf freien Fuß gesetzt würde. Doch dann kam der 20. Juli. Die Fakten, die die Gestapo schon kurze Zeit später zum Kreisauer Kreis gesammelt hatte, reichten aus, um Moltke weiter in Haft zu behalten. In der Nacht vom 15. auf den 16. August setzte ein Marathonverhör ein. Moltkes Akte schwoll bis zum Ende des Monats beträchtlich an. Seine Haftbedingungen verschlechterten sich. Freya musste seine persönlichen Habseligkeiten mit nach Hause nehmen. Helmuth James trug nur noch die Sträflingskleidung der KZ-Insassen. Ende September machte sich Freya wieder auf den Weg nach Ravensbrück. Sie hatte keine Besuchserlaubnis, aber sie hatte lange nichts von ihm gehört und war unruhig. Vor Ort erfuhr sie, dass man ihren Mann nach Berlin gebracht hatte. Wohin genau, wusste sie nicht. Sie suchte ihn zuerst in der Lehrter Straße, wurde dann aber nach Tegel verwiesen. Sie sah ihn noch, wie er von SS-Leuten über den Hof gefahren wurde, aber sie konnten sich an diesem Tag nicht sprechen. Dank Poelchau, der heimlich Briefe transportierte, konnten sie sich wenigstens schreiben. Seine treuen Dienste wurden in den letzten noch verbleibenden Monaten immer wichtiger. Es war allerdings schwierig, Moltke des Hochverrats zu bezichtigen. Schließlich saß er schon seit Januar im Gefängnis. Er konnte also nicht unmittelbar mit dem Attentat in Verbindung gebracht werden. Es gelang ihm auch, glaubhaft zu versichern, dass er stets gegen Hitlers Ermordung gewesen war und auch nicht mit dem Goerdeler-Kreis sympathisiert hatte.

Seine vielen Auslandsreisen blieben genauso unentdeckt wie die Kreisauer Dokumente. Die Kreisauer hatten sich abgesprochen, ihre Zusammenkünfte als möglichst harmlos hinzustellen. Moltke spielte eine Weile recht überzeugend den »Sonderling«. Nicht einmal Neuhaus wusste viel mit ihm anzufangen.

Warten, Verzweiflung und Hoffnung bestimmten Moltkes Leben in Tegel. Er las sehr viel in der Bibel und im Gesangbuch. Beide hatte er so verinnerlicht, dass er auf ein Stichwort hin ganze Passagen daraus auswendig zitieren konnte. Zeitweise hatte er mit dem Leben abgeschlossen, dann wieder arbeitete er an seiner Verteidigung. Gerstenmaier versuchte, Moltke das positive Denken beizubringen. Er müsse eben an sein Überleben glauben. Bei Gerstenmaier schien das zu funktionieren, wie sich später zeigte. Auch Freya tat, was irgend möglich war. Sie ging sogar zu Freisler, der ihr versicherte, dass die Urteile seines Gerichts gerecht seien.[180] Immerhin erreichte sie, dass sie ihren Mann wieder besuchen durfte.

Gestapo in St. Georg

Den 20. Juli verbringt Delp ahnungslos in Pasing. Er betätigt sich dort als Dachdecker, weil das Haus eines befreundeten Rechtsanwalts bei Bombenangriffen schwer beschädigt wurde. Abends ist er bei der Familie Kreuser in Bogenhausen zu Gast. Wie immer sitzen alle gemeinsam um den Volksempfänger. Erst jetzt erfahren sie vom Attentat auf Hitler. Wer der Täter ist, wird nicht gesagt. Delp reagiert völlig überrascht. Schließlich hatte man sich noch Anfang Juli bei einer Tagung in Bogenhausen darauf geeinigt, Hitler nicht zu ermorden.[181] Delp geht nach Hause und bekommt von Hitlers wutschnaubender Rede nichts mit, die Stunden später übertragen wird und in der nun auch der Name Stauffenberg fällt. Das erfährt

Delp erst um halb vier in der Nacht, als plötzlich Pater Franz von Tattenbach bei ihm auftaucht. Pater König hat ihn mit dem Rad von Pullach nach Bogenhausen geschickt, um Delp die Nachricht zu überbringen. Delp ist schockiert und verärgert zugleich. Anfang Juni hatte er Stauffenberg besucht – warum, bleibt bis heute ungeklärt. Delp behauptete immer, er habe von der geplanten Aktion am 20. Juli nichts gewusst. Er habe sich mit Stauffenberg über die Invasion an der Westfront unterhalten und sich erkundigt, ob es nicht doch eine Möglichkeit für ihn gebe, zur Wehrmacht eingezogen zu werden.

Was den »Tyrannenmord« betraf, war Delp etwas anderer Meinung als Moltke. Auch Delp hatte gehofft, dass die Generäle der Wehrmacht ihre Chance genutzt hätten, Hitler zu stürzen. Das war nicht geschehen. Seiner Meinung nach musste der Aufstand nun von der Arbeiterschaft kommen. Einem Freund gegenüber äußerte er sich einmal, dass »die rechtlichen und moralischen Voraussetzungen für die Erlaubtheit des Tyrannenmordes im Sinne der Lehre der Kirche einwandfrei gegeben seien.«[182] Delp war – auch das ließ er im Gespräch mit befreundeten Gemeindemitgliedern durchblicken – fest davon überzeugt, dass Christen ein Recht zum Widerstand haben, wenn sie die politischen Umstände mit ihrem Gewissen nicht länger vereinbaren können. Am meisten erschütterten Delp offenbar die unsäglichen Verbrechen gegen die Juden. Er wusste, dass sie vergast wurden, und litt unter der Ohnmacht, die der Einzelne diesem Regime gegenüber empfand. Aus seinen Aussagen lässt sich schließen, dass Delp unter all diesen Umständen einen Mord an Hitler durchaus für gerechtfertigt hielt.

Mitbrüder und Freunde erkannten die Gefahr, in der sich Delp nach dem 20. Juli befand. Es war nur eine Frage der Zeit, bis man auch ihn festnehmen würde. Sie rieten ihm, sich zu verstecken. Delp lehnte ab. Fast jede Nacht fielen Bomben. »Seine Leute« brauchten ihn. Er mochte sie nicht einfach im Stich lassen. Außerdem wollte er am 15. August endlich die lang ersehnte Profess ablegen. Woher er vorher noch die Zeit und vor allem die erforderliche Stille für die achttägigen Exerzitien nehmen sollte, wusste er allerdings selbst nicht genau. Seine Flucht wäre außerdem einem Schuldeingeständnis gleichgekommen, und diesen Eindruck wollte Delp keinesfalls erwecken. Angeblich ließ er sich aber im buchstäblichen Sinn ein Hintertürchen für eine Flucht in letzter Minute offen: Durch eine Tür im Pfarrhaus konnte er auf Schleichwegen in den Herzogpark entwischen. Dort würden ihm Freunde weiterhelfen. Diese Möglichkeit – wenn Delp sie denn wirklich je erwogen hatte – konnte er jedoch nicht mehr wahrnehmen. Nur acht Tage nach dem Attentat auf Hitler schlug die Gestapo in St. Georg zu. Dr. Ernst Keßler, der zu Delps Freunden in Bogenhausen gehörte, machte sich auf den Weg zur Frühmesse. Im Auftrag der Berliner Widerstandskämpfer hatte er Delp eine chiffrierte Nachricht zu überbringen, in der ein geplantes Treffen aus Sicherheitsgründen abgesagt wurde. Der Gottesdienst hatte schon begonnen. So beauftragte Keßler die Mesnerin, Delp sofort nach dem Gottesdienst den Zettel zu überreichen. Das tat sie denn auch, und Delp aß den Zettel auf – so als ob er das, was nun folgte, geahnt habe. Es konnte ihm nicht entgangen sein, dass hinten in dem kleinen Kirchlein zwei Männer in Lodenmänteln auf das Ende der Messe zu warten schienen. Nach dem Gottesdienst redete Delp mit einer Gemeindemitarbeiterin hinten in der Kirche, als die beiden Männer plötzlich auf Delp zutraten, formvollendet grüßten und Delp in ausgesuchter Höflichkeit um ein sofortiges Gespräch baten. Sie folgten ihm ins Pfarrhaus. Einer der beiden – so behauptete Keßler – sei ein ehemaliger Klassenkamerad Delps gewesen.[183] Der Biograf Roman Bleistein gibt allerdings zu bedenken, dass diese Aussage von keiner Seite bestätigt werden konnte.

Delps Sekretärin vertrieb sich die unangenehme Wartezeit damit, Schutt beiseite zu räumen. Zwei Gottesdienstbesucher halfen ihr dabei. Die anderen waren schon nach Hause gegangen. Nach einiger Zeit kam Pater Delp wieder mit den beiden Fremden heraus und verabschiedete sich. Er sei verhaftet. Seine Stimme klang anders als sonst, und er sah sehr elend aus. Kurz zuvor hatte er sich erbrechen müssen, nachdem ihm die Schwester, die ihn nach seiner Krankheit betreute, noch eilig ein Frühstück zubereitet hatte. Delp litt unter einer besonders schweren Furunkulose, einer Blut- und Stoffwechselkrankheit, die ihm immer wieder zu schaffen machte. Bald hatte es sich in Bogenhausen herumgesprochen, dass Pater Delp von der Gestapo abgeholt worden war. Die Gemeindemitglieder standen unter Schock. Und während im St.-Georgskirchlein unermüdlich gebetet wurde, schafften Delps Mitbrüder alles beiseite, was auch nur den leisesten Verdacht erregen könnte, denn noch war es nicht zu einer Hausdurchsuchung gekommen. Dabei verschwand offensichtlich auch Delps Manuskript »Die Dritte Idee«. Es ist nicht ausgeschlossen, dass es verbrannt wurde. Pater Rösch machte sich – mit Essen und Wäsche bepackt – auf den Weg in ein Gestapogefängnis, wo er Delp vermutete. Dort verwies man ihn an die Zentrale. Es war gefährlich für Rösch, sich dort blicken zu lassen, da er selbst ständig beobachtet wurde und jederzeit mit seiner Verhaftung rechnen musste. Die Beamten behandelten ihn kühl, teilten ihm jedoch nicht mit, wo Delp sich aufhielt. Rösch nahm daher an, dass man ihn bereits nach Berlin gebracht hatte. Ein Irrtum, wie sich später herausstellte. Delp wurde noch in der Nacht vom 6. auf den 7. August auf dem Münchner Hauptbahnhof von einem Mitbruder gesehen, der sich auf den Weg ins KZ Dachau begeben musste. Beide hatten Gelegenheit, kurz miteinander zu reden, wobei Delp von seinem bevorstehenden Tod sprach und dass er nun nach Berlin überstellt würde.[184]

Dass Delp so lange in München festgehalten wurde, hing offenbar damit zusammen, dass die Gestapo anfangs nur wenig über ihn wusste. Der Delp-Biograf Roman Bleistein weist darauf hin, dass Peter Yorck möglicherweise den Namen Alfred Delps erwähnte, was schließlich zu dessen Verhaftung führte. Doch erst durch Aussagen, die Fritz-Dietlof von der Schulenburg und Eugen Gerstenmaier machten, wurde Delp mit den Verschwörern in Verbindung gebracht. Kein Wunder, dass die Gestapo Rösch keine näheren Angaben zu Delps Aufenthaltsort machte. Nach Möglichkeit sollte niemand wissen, wo die Häftlinge untergebracht waren und wie man sie zu behandeln pflegte.

Häftling Nr. 1442

»Beim Studium der Geschichte macht mich immer wieder die Tatsache traurig, dass wir sie erst nachher studieren. Zu einem guten Teil kann man und müsste man sie vorher studieren und man könnte und würde so der Menschheit viel Not und Leid ersparen. Der Weg durch die Geschichte bleibt deswegen immer noch ein Kreuzweg.«[185] Ein Kreuzweg war auch Delps letzter Lebensabschnitt. In Berlin lieferte man ihn in das Gestapogefängnis Lehrter Straße 3 ein. Hier saßen viele Verschwörer, die mit dem Attentat vom 20. Juli in Verbindung gebracht wurden. Es war die Vorstufe zur Hölle, wie sich bald herausstellte. Dass man ihm Geld, Ausweis, Armbanduhr, Füllfederhalter, Schnürsenkel, Gürtel und Krawatte abnahm, mochte noch angehen. Dass er aber auch sein Brevier und seine Bibel abliefern musste, damit konnte sich Delp nicht abfinden. Aber es half nichts. »Bei uns gibt es das nicht«[186], lautete die stereotype Antwort der SS-Offiziere in solchen Fällen. Aus Pater Alfred Delp wurde die Nummer 1442. Verräter haben keine Namen.

Die Zelle, die man ihm zuteilte, unterschied sich kaum von anderen Zellen: ein Guckloch in der Tür, die schwer hinter ihm ins Schloss fiel; ein vergittertes Fenster hoch oben an der Wand; ein Bett, das diese Bezeichnung nicht verdiente; ein Klapptisch, der obligatorische Kübel in der Ecke für die Notdurft. Die Zelle war ein Wanzenloch, das nicht dadurch attraktiver wurde, dass es die ganze Nacht in grelles Licht getaucht war. Auch schalldicht war der Kerker nicht. Die Schritte der Wärter hallten auf dem Gang. Und ob man wollte oder nicht, man hörte die unbarmherzig gebrüllten Kommandos, die Schreie der Gefolterten, das »Wimmern und Stöhnen«[187], aber auch Gebete und Gesang.

Delp schwieg. Er schwieg in den Verhören, wenn seine Peiniger Namen von anderen Verschwörern aus ihm herauszupressen versuchten. Er schwieg in den Kassibern, die er aus der Zelle herausschmuggelte, über den wahren Umfang der Misshandlungen. Nur manchmal brach es aus ihm heraus und er schrieb mit gefesselten Händen: »Ich wurde wüst verprügelt in das Gefängnis zurückgefahren, abends spät. Die begleitenden SS-Männer lieferten mich ab mit den Worten: So, schlafen können Sie heute Nacht nicht. Sie werden beten und es wird kein Herrgott kommen und kein Engel, Sie herauszuholen. Wir aber werden gut schlafen und morgen früh Sie mit frischen Kräften weiterverhauen.«[188] Delp hatte Glück im Unglück. In Berlin kümmerten sich zwei sehr resolute Frauen um ihn, die Delp schon lange kannte: Marianne Hapig, die die Sozialstation im St.-Hedwigs-Krankenhaus betreute, und Dr. Marianne Pünder, die Direktorin der Sozialen Frauenfachschule des Katholischen Frauenbundes in Berlin. Hapig machte Delp nach mühsamer Suche endlich ausfindig. Nur ihrer beherzten Art war es zu verdanken, dass sie sich nicht von den Beamten abwimmeln ließ. In Delps schmutziger Wäsche, die man ihr widerwillig überreichte, entdeckte sie Blutspuren.

Später würde Gerstenmaier, einer der Überlebenden, erzählen, dass die Angeklagten mit nagelbespickten Stöcken verprügelt wurden. Fortan wechselten sich beide Frauen ab und versorgten den Priester mit dem Notwendigsten. Im Korb, der zwischen der Zelle und den Frauen hin und her wanderte, ließen sich Lebensmittel, Tinte, Schreibpapier und Informationen verstecken – natürlich immer unter dem Risiko, entdeckt zu werden.

Für die Kreisauer war SS-Sturmbannführer Dr. Dr. Karl Neuhaus zuständig – ein Dämon in Menschengestalt, dessen Verhöre sehr gefürchtet waren. Das Makabre: Neuhaus war selbst evangelischer Theologe, bevor ihn der Ruf in Hitlers Riege ereilte. Seine Aufgabe versah er mit äußerster Sorgfalt. Täglich übergab er die Protokolle an den Leiter der Sonderkommission 20. Juli, der sie wiederum – mit entsprechenden Randbemerkungen – dem Volksgerichtshof zustellte. Delp wurde zur Last gelegt, in München quasi eine Schaltzentrale des Widerstands betrieben zu haben, indem er Kontakte zum Münchner Sperr-Kreis, zum Kreisauer und zum Stauffenberg-Kreis gepflegt habe. Als das Gebäude in der Lehrter Straße nach Bombenangriffen zum Gefängnis nicht mehr taugte, wurde Delp zusammen mit anderen »Verschwörern« am 27. September 1944 in die Haftanstalt Berlin-Tegel verlegt. Dort kamen sie im sogenannten »Totenhaus« unter; hier fanden sich all jene wieder, die mit ihrer Hinrichtung rechnen mussten. Delp wurde die Zelle 8/313 zugeteilt – er befand sich nun in unmittelbarer Nachbarschaft zu Moltke und Gerstenmaier. Und es gab noch weitere Verbesserungen: In Tegel war keine Gestapo zuständig, sondern die staatliche Justizverwaltung. Die meist älteren Männer waren von den Nazis noch nicht so verdorben, dass sie jegliche Menschlichkeit vergessen hätten. Gewiss, sie waren bestechlich, aber für ein paar Zigaretten schmuggelten sie auch Hostien und Wein in die Zelle, damit Delp eine Messe feiern konnte. In Tegel durften die Häftlinge sogar die Besuche der Gefängnispfarrer in Anspruch nehmen. Delp war von diesem Zugeständnis ab Mitte Oktober allerdings ausgenommen. Man wollte ihn offenbar isolieren, um seinen Austritt aus dem Jesuitenorden zu bewirken. Auf den Gängen aber kam es immer wieder zu Begegnungen mit alten Freunden aus dem Kreisauer Kreis. Die meisten waren, wie der ebenfalls inhaftierte evangelische Theologe Hans Lilje feststellte, »ungebeugt und ungebrochen …«.[189]

Ewige Profess im Gefängnis

Es war eine tollkühne Idee, die den Jesuiten kam, um ihrem Mitbruder doch noch die ewige Profess zu ermöglichen. Die Verhaftung hatte Delp einen Strich durch die Rechnung gemacht, sodass der für den 15. August geplante feierliche Akt nicht zustande kam. Wieder einmal, müsste man sagen. Denn bereits im Sommer 1943 hatte Delp damit gerechnet, seine letzten Gelübde ablegen zu dürfen und sich damit für immer an den Jesuitenorden zu binden. Doch Rösch erteilte dazu nicht seine Einwilligung und schob diesen Schritt auf. Die Gründe dafür sind unbekannt. Die Entscheidung, ob ein Jesuit zur ewigen Profess zugelassen wird, fällt hinter verschlossenen Türen. So kann man im Falle Delps nur vermuten, was den Ausschlag gab. War es Delps ungebändigter Charakter, sein Hang zu eigenwilligen Entscheidungen? Lag es daran, dass er sich nicht immer problemlos in die Gemeinschaft einfügte, dass er sich manchmal recht schwer tat im Umgang mit anderen? Delp hatte große Mühe, zu akzeptieren, dass nach dem »Klostersturm« in Bogenhausen eine neue Aufgabe auf ihn wartete. Er fühlte sich manchmal ein wenig »abgeschoben« so abseits der häuslichen Ordensgemeinschaft. Vielleicht sahen Rösch und seine Berater auch in Delps Krankheit einen bedenklichen Aspekt. Wie auch immer – im Sommer 1943 zögerte Rösch noch, Delp Armut, Keuschheit und Gehorsam auf Lebenszeit versprechen zu lassen, und Delp litt sehr darunter. Umso mehr hatte er sich gefreut, dass er ein Jahr später für die ewige Profess vorgesehen war. Diesmal aber schien es, als ob ihn eine andere, höhere Macht daran hindern wollte. Und das quälte ihn zusätzlich zu all den äußeren Nöten im Gefängnis. Pater von Tattenbach, Delps Mitbruder, blieb dies nicht verborgen. Gemeinsam mit Pater Franz Xaver Müller, der den untergetauchten Rösch vertrat, fassten sie einen Plan. Delp sollte seine letzten Gelübde im Gefängnis ablegen dürfen. Die Prozedur musste allerdings als ganz normaler Besuch getarnt werden. Tattenbach bereitete ein zweisprachiges Schriftstück vor, das die Gelübdeformel enthielt – links die lateinische, rechts die deutsche Fassung. Dann besorgte er sich die Besuchserlaubnis. Auch hier zeigte sich wieder einmal, wie kooperativ die Wachtmeister in Tegel sein konnten. Delp wurde ohne Fesseln in den Besuchsraum geführt. Nach dem üblichen Smalltalk kam Tattenbach auf Delps Verteidigung zu sprechen. Das kostete Zeit. Endlich zog Tattenbach das Dokument aus der Tasche und forderte Delp auf, das Gelübde zu unterschreiben. Er tat es, sichtlich erschüttert. Zu lange hatte er auf diesen Moment gewartet.

Der Beamte war misstrauisch geworden. Es gab einen Wortwechsel, und beinahe wäre die ganze Sache gescheitert. Delp musste allerdings, um der Gültigkeit willen, die lateinische Formel auch noch laut lesen, was ihm nur mit großer Mühe gelang. Er war zutiefst betroffen – zum einen, weil er sich der Solidarität seiner Mitbrüder in diesem Moment sehr stark bewusst wurde, zum anderen, weil er diesem Schritt große Bedeutung beimaß – angesichts aller Bemühungen der Gestapo, ihn zum Austritt aus dem Orden zu bringen. Auch wenn Delp sich das Ablegen seiner letzten Gelübde feierlicher vorgestellt hatte –

ihre Wirkung auf ihn war erstaunlich: »Von daher lebe ich jetzt. Der Herrgott hat mir einen festen Punkt in seinem Universum geschenkt, auf den ich lange gewartet habe. Alles andere ist ja nur sekundär.«[190] Mutlosigkeit und Verzweiflung überfielen ihn auch weiterhin, aber Delp schien nun gelassener, fester, zuversichtlicher und unerschütterlicher im Glauben zu stehen als je zuvor.

Delp und Moltke vor dem Volksgerichtshof

Zweimal wurde der Prozess verschoben. Wieder keimte etwas Hoffnung. Doch am 9. Januar 1945 müssen Moltke, Delp, Gerstenmaier, Steltzer, Haubach und andere erstmals vor dem Volksgerichtshof erscheinen. Man chauffiert die Angeklagten in die Bellevuestraße. Dort findet in einem viel zu kleinen Saal die Verhandlung statt. Sie ist im Grunde eine überflüssige Farce, weil das Urteil von vornherein feststeht. Zeugen werden nicht gehört, und die Pflichtverteidiger dienen eher dekorativen denn juristischen Zwecken. Sie haben im Grunde gar keine Chance, den Ausgang der Verhandlung wesentlich zu beeinflussen. Der Prozessbeginn, der auf neun Uhr angesetzt ist, verschiebt sich. Freisler nimmt sich die Freiheit, eine Dreiviertelstunde zu spät zu kommen. Freisler erwartet, dass die Angeklagten den ganzen Prozess stehend verfolgen. Moltke hat jedoch kurz zuvor einen schweren Ischiasanfall erlitten und kann sich kaum noch rühren. Freya hat sich zuvor bei Freisler dafür eingesetzt, dass sich ihr Mann während der Verhandlung setzen darf, was ihm auch gestattet wird. Den Angeklagten wird vorgeworfen, »gemeinschaftlich unternommen zu haben, mit Gewalt die Verfassung des Reiches zu ändern und den Führer seiner verfassungsmäßigen Gewalt zu berauben und damit zugleich im Inland während eines Krieges gegen das Reich der feindlichen Macht Vorschub zu leisten«.[191]

Dass Delp als Erster zu diesen Vorwürfen Rede und Antwort stehen muss, kommt nicht von ungefähr. Freisler setzt damit ein Zeichen, in welche Richtung er die Verhandlung zu dirigieren gedenkt. Der Akzent liegt auf der Religion, dem Christentum, der Kirche, insbesondere aber auf den Jesuiten. Das wird auch Moltke noch zu spüren bekommen. Schon kurz nach seiner Verhaftung hat Delp dem Präsidenten des Volksgerichtshofs sein Buch »Der Mensch und die Geschichte« vorlegen lassen. Er hoffte, Freisler davon überzeugen zu können, dass er nicht an Politik, sondern lediglich an Geisteswissenschaften interessiert sei. Dieser Schachzug geht jedoch völlig daneben, wie sich nun zeigt. Freisler erkennt, dass er es mit einem Mann zu tun hat, der ihm geistig ebenbürtig, wenn nicht sogar überlegen ist. Eben weil er so gebildet ist, so wirft er Delp nun vor, hätte er seine Vaterlandspflichten kennen und wahrnehmen müssen. Wie er denn Moltke kennengelernt habe, will Freisler wissen. Delp, der sich in der Zelle minutiös auf diese Verhandlung vorbereitet hat, erzählt natürlich nichts von Rösch, um diesen nicht auch noch in Gefahr zu bringen, sondern erfindet eine andere Geschichte. Dann muss er ausführlich die Zusammenkünfte des Kreisauer Kreises schildern. Dabei kommt Freisler natürlich auch auf die Besprechungen in Bogenhausen zurück. Delps Einwand, dass er nicht die ganze Zeit mit dabei gewesen sei, lässt Freisler nicht gelten: »Gerade dadurch dokumentieren Sie ja selbst, dass sie genau wussten, dass da Hochverrat getrieben wurde, aus dem Sie gerne das Köpfchen mit der Tonsur, den geweihten heiligen Mann, heraushalten wollten. Der ging derweil wohl in die Kirche, um dafür zu beten, dass das Komplott auch in Gott wohlgefälliger Form gelänge.«[192]

Delp verliert nicht die Fassung. Er zwingt sich zur Ruhe und bemüht sich, seinen Tonfall unter Kontrolle zu behalten. Das fällt ihm nicht leicht, denn von Natur aus neigt er dazu, laut zu reden. Er verteidigt sich beharrlich, was allerdings dadurch erschwert wird, dass Freisler ihn gar nicht richtig zu Wort kommen lässt, sondern jeden Einwand sofort zunichte macht: »Sie Jämmerling, Sie pfäffisches Würstchen – und so was erdreistet sich, unserm geliebten Führer ans Leben zu wollen … Eine Ratte – austreten, zertreten sollte man so was … Jetzt sagen Sie uns mal, was Sie als Priester dazu gebracht hat, die Kanzel zu verlassen und sich mit einem Umstürzler wie dem Grafen Moltke und einem Querulanten wie diesem Protestanten Gerstenmaier in die deutsche Politik einzumischen. Los, antworten Sie!«

Delp lässt sich nicht einschüchtern: »Ich kann predigen, soviel ich will, und Menschen geschickt oder ungeschickt behandeln und wieder aufrichten, solange ich will. Solange der Mensch menschenunwürdig und unmenschlich leben muss, solange wird der Durchschnitt den Verhältnissen erliegen und weder beten noch denken. Es braucht die gründliche Änderung der Zustände des Lebens …« Freisler tobt: »Wollen Sie damit sagen, dass der Staat geändert werden soll, damit Sie anfangen können, Zustände zu ändern, die das Volk aus den Kirchen fernhält?« – »Ja«, sagt Delp, »das will ich damit sagen …«[193]

So viel unbeugsamer Mut nötigt selbst Freisler Respekt ab. Er spürt, dass er Delp nicht beeindrucken kann und dass hier ein Mann vor ihm steht, der sich nur Gott gegenüber verantwortlich fühlt. Delps Verteidigung sei »wahrhaft überdimensional« gewesen, muss der Blutrichter später zugeben. Er hat nicht viel gegen Delp in der Hand. Dass er mit Stauffenberg einen Putsch vorbereitet haben soll, lässt sich nicht nachweisen. Aber es reicht Freisler, dass ein Jesuitenpater vor ihm steht, dem er das Handwerk legen kann. Stellvertretend für alle katholischen Geistlichen muss Delp Freislers Hasstiraden über sich ergehen lassen. Dabei holt der Richter zum Rundumschlag aus. Schon Mariano, ein Jesuit, habe im 16. Jahrhundert den Tyrannenmord verteidigt. Alle Jesuiten seien deutschfeindlich, und außerdem würden viele Priester uneheliche Kinder zeugen. Freisler stört es offenbar wenig, dass er unsachlich wird und Dinge ins Gespräch bringt, die mit der Anklage gar nichts zu tun haben. Kein anständiger Deutscher, ereifert er sich, dürfe mit einem Jesuiten verkehren. In diesem Sinn wird am nächsten Tag auch gegen Moltke verhandelt. Freisler, der schon erste Ermüdungserscheinungen zeigt, verliest zunächst mit säuselnder Stimme, dafür in rasantem Tempo Moltkes Personalien, dass allen Anwesenden fast schwindlig wird. Als Moltke behauptet, die Polizei und die Abwehr hätten von der Goerdeler-Geschichte gewusst, ist Freisler plötzlich hellwach und wieder ganz in seinem Element. Er bekommt einen Tobsuchtsanfall, der schlimmer ist als alles, was Delp zuvor erlebte. Moltke bleibt gelassen, er sieht Freisler unverwandt an und beginnt sogar zu lächeln. Freisler ist irritiert und lenkt das Gespräch auf die Tagungen in Kreisau: »Wer war denn da? Ein Jesuitenpater! … und ausgerechnet mit dem besprechen Sie Fragen des zivilen Widerstandes! Und den Jesuitenprovinzial kennen Sie auch! Und der war auch einmal in Kreisau! Ein Jesuitenprovinzial, einer der höchsten Beamten von Deutschlands gefährlichsten Feinden, der besucht den Grafen Moltke in Kreisau! Und da schämen Sie sich nicht! Kein Deutscher kann doch einen Jesuiten auch nur mit der Feuerzange anfassen! Leute, die wegen ihrer Haltung von der Ausübung des Wehrdienstes ausgeschlossen sind! Wenn ich weiß, in einer Stadt ist ein Jesuitenprovinzial, so ist das für mich fast ein Grund, gar nicht in die Stadt zu gehen! – Und der andere Geistliche, was hatte der dort zu suchen? Die sollen sich ums Jenseits kümmern, aber uns hier in Ruhe lassen. – Und Bischöfe besuchen Sie! Was haben bei einem Bischof, bei irgendeinem Bischof, verloren? Wo ist Ihre Befehlsstelle?

Ihre Befehlsstelle ist der Führer und die NSDAP! Für Sie so gut wie für jeden anderen Deutschen, und wer sich seine Befehle in noch so getarnter Form bei den Hütern des Jenseits holt, der holt sie sich beim Feind und wird so behandelt werden!«[194]

Freisler will nun mehr über die Pläne wissen, über die man sich in Kreisau Gedanken gemacht hat. Gedanken – darum ging es. Letztendlich muss Freisler zugeben, dass er die Anklagepunkte nicht aufrechterhalten kann. Seine Vorwürfe fallen wie ein Kartenhaus in sich zusammen. Die Kreisauer wollten keine Gewalt anwenden; sie haben nicht einmal den Versuch unternommen, ihre Gedanken in die Tat umzusetzen. Sie haben eben »nur gedacht«.[195] Aber diese Gedanken konzentrierten sich auf die Umsetzung christlicher Werte. Und das konnte der Nationalsozialismus nicht dulden. Scharfsinnig bemerkt Freisler: »Nur in einem sind das Christentum und wir gleich: wir fordern den ganzen Menschen!«[196]

Tod

Das Todesurteil, das am Nachmittag des 11. Januar schließlich gesprochen wurde, überraschte weder Delp noch Moltke. In den Augen des Gerichts hatten sie sich des Hochverrats schuldig gemacht. In Wirklichkeit, so Moltke, würde er jedoch »als Protestant vor allem wegen seiner Freundschaft mit Katholiken attackiert und verurteilt … als Christ und als gar nichts anderes«.[197]

Überraschend fiel allerdings das Urteil gegen den evangelischen Theologen und späteren CDU-Politiker Eugen Gerstenmaier aus, der neben Moltke und Delp zu den aktiven Kreisauern zählte. Alle anderen waren nach Ansicht Freislers nur Mitläufer. Auch für Gerstenmaier hatte der Staatsanwalt die Todesstrafe beantragt. Er kam jedoch mit sieben Jahren Zuchthaus davon – ein Umstand, der sich bis heute nicht allein damit erklären lässt, dass er vor Gericht in die Rolle des weltfremden Naivlings schlüpfte. (In einem Brief an die Autorin schreibt Freya von Moltke, wie es zu diesem überraschenden Urteil kam. Demnach ließ eine Freundin von Gerstenmaiers Schwester ihre guten Beziehungen zu Freisler spielen. Sie rief ihn in der Sache Gerstenmaier an und bat ihn um ein gnädiges Urteil. Freisler erkundigte sich nach der Verhandlung bei ihr, ob sie nun zufrieden sei.) Seinem Überleben verdanken wir allerdings so manche Details der Verhandlung, so auch die Reaktion der Todeskandidaten. Sie wurden nicht – wie üblich – sofort zur Hinrichtungsstätte Plötzensee gefahren, sondern kamen erst noch zurück nach Tegel. Gerstenmaier blieb diese Fahrt zeitlebens in Erinnerung, vor allem, weil Delp Galgenhumor zur Schau trug. »Moltke war von bezwingender Wärme und Brüderlichkeit, Delp sprudelte vor Witz, geistreich und lachend, als führen wir in die Ferien.« Gerstenmaier – amüsierte sich Delp – solle sich nichts daraus machen, dass Freisler ihn einen »Schafskopf« genannt habe. »Lieber ein Schafskopf als gar kein Kopf.«[198] Die Zeit bis zur Vollstreckung der Todesstrafe gab den Verurteilten noch einmal Gelegenheit, ausführlich und natürlich heimlich ihren Angehörigen zu schreiben. Freya von Moltke konnte ihren Mann nach dem Prozess noch einmal besuchen. In einem langen, sehr bewegenden Abschiedsbrief schrieb er ihr: »Ich sage gar nicht, dass ich Dich liebe; das ist gar nicht richtig. Du bist vielmehr jener Teil von mir, der mir alleine eben fehlen würde... Nur zusammen sind wir ein Mensch. Wir sind ... ein Schöpfungsgedanke. Das ist wahr, buchstäblich wahr. Darum, mein Herz, bin ich auch gewiss, dass Du mich auf dieser Erde nicht verlieren wirst, keinen Augenblick ...«[199] Als Poelchau am 23. Januar 1945 Moltke gegen Mittag in seiner Zelle aufsuchte, war dieser bereits auf dem Weg nach Plötzensee. Poelchau informierte sofort seinen katholischen Kollegen Buchholz, der dort seine Wohnung hatte. Buchholz kam gerade noch rechtzeitig, um Moltke auf seinem letzten Weg zu begleiten. Er sei »ruhig und fest, ja freudig in den Tod gegangen«.[200] Delp hatte damit gerechnet, gemeinsam mit Moltke und Haubach, der ebenfalls dem Kreisauer Kreis angehörte, hingerichtet zu werden. Auch Sperr wurde mit ihnen gehenkt. Die Nachricht vom Tod der Freunde erschütterte ihn. »Mit Helmuth und den andern ist viel Hilfe weggegangen«, schrieb er an Marianne Hapig und Marianne Pünder. Unmittelbar nach der Verkündung des Todesurteils hatte er nochmals allen Lebensmut mobilisiert und sogar ein Gnadengesuch eingereicht.

Nach Moltkes Hinrichtung wird das Warten auf den eigenen Tod zur Tortur. Hinzu kommt, dass Buchholz meint, ihm genau schildern zu müssen, was bei der Strangulierung im Einzelnen geschieht.

»Beten und glauben. Danke.« Das ist Delps letzter Notizzettel, den er mit seiner Wäsche den beiden treuen Frauen Hapig und Pünder zukommen lässt. Es ist der 30. Januar 1945. Am nächsten Tag wird er nach Plötzensee gefahren. Buchholz reicht ihm in aller Eile die heilige Kommunion. Delp sieht »abgemagert, zerschunden und elend«[201] aus. Doch dann wird die Hinrichtung aus unerfindlichen Gründen noch einmal aufgeschoben. Erst am 2. Februar kommt auch er an die Reihe. »In einer halben Stunde weiß ich mehr als Sie«, sagt er zu Buchholz. Wie zuvor Moltke wird nun auch Delp mit gefesselten Händen in den Todesraum geführt. Er ist kahl. Nur eine Schiene unter der Decke mit mehreren Fleischerhaken und Seilen …

Alfred Delp und Helmuth James Graf von Moltke – die ihrer Herkunft und ihrem Charakter nach so unterschiedlichen Männer hatten zugleich vieles gemeinsam. Gemeinsam waren ihnen die Fähigkeit und der Wunsch,

Grenzen zu überschreiten, auch im konfessionellen Bereich. Gemeinsam war ihnen ihr Einsatz für die Schwachen, für die Minderbemittelten, für die an den Rand Gedrängten. Gemeinsam war ihnen auch ihre Verachtung des nationalsozialistischen Regimes. Ihr Kampf gegen Hitlers Terror und Grausamkeit führte sie in den Tod. Der Mann, der sie dazu verurteilt hatte, starb nur einen Tag nach Delps Hinrichtung. Roland Freisler wurde während eines Bombenangriffs von einem Balken erschlagen.

Was bleibt vom Kreisauer Kreis? – Kreisau heute

Es riecht nach Kartoffelfeuer, nach Erde, Wiesen und Wald. Ein Geruch, den wir seit unserer Kindheit in uns tragen, im Lauf des Lebens vergessen und uns wundern, dass es ihn überhaupt noch gibt. In Kreisau gibt es ihn noch.

Kreisau liegt heute wie damals inmitten einer abgeschiedenen Idylle am Fuß des Eulengebirges, umgeben von Wald und weiten Feldern. Der Weg dorthin über holperige polnische Straßen ist etwas beschwerlich. Wer von Berlin aus mit dem Zug fährt, braucht heute etwa zwei Stunden länger als Freya und Helmuth von Moltke. Die Bahn nimmt heute einen anderen Weg als damals. Doch wie auch immer man endlich hier ankommen mag – der Überraschungseffekt bleibt nicht aus. Man kann den alten Feldmarschall gut verstehen, dass er, nachdem er etliche Herrenhäuser besichtigt hatte, ausgerechnet hier bleiben wollte. Und man versteht auch, wie es Freya von Moltke erging, als sie 1930 zum ersten Mal hier ankam: »So etwas wie diesen riesigen, rechteckigen Gutshof, eingerahmt von großzügigen schönen Gebäuden, Stallungen und Scheunen mit roten Ziegeldächern, hatte ich im Westen Deutschlands noch nie gesehen …«[202]

Vor 1998 wäre dieses Aha-Erlebnis noch nicht garantiert gewesen. Das Schloss war verfallen, ein Anblick, bei dem sich der alte Feldmarschall im Sarg umgedreht hätte – wenn es ihn denn noch gäbe. Denn das Mausoleum, das der Feldmarschall einst für sich und seine Frau errichten ließ, ist leer. Um den Verbleib der Sarkophage ranken sich Gerüchte. Es heißt, die deutsche Wehrmacht habe in den letzten Kriegswirren ihren Nationalhelden, den alten Feldmarschall, »gerettet« und irgendwo im

Wald vergraben. Wieder andere wollen die Särge im Mausoleum gesehen haben, als Gut Kreisau noch ein LPG-Betrieb war.

Im Oktober 1945 hatte Freya von Moltke mit den beiden Söhnen ihr geliebtes Kreisau verlassen. Sie zog zunächst nach Südafrika und später in die USA. Nach der Potsdamer Konferenz wurde Niederschlesien polnisch. Aus Kreisau wurde Krzyzowa. Die deutschen Bewohner mussten fort; Vertriebene aus dem polnischen Osten ließen sich hier nieder. Im Berghaus wohnten bis zu fünf Familien. Von dem Inventar des Schlosses blieb nicht viel übrig, weder das weiß-goldene Esszimmer, das Helmuths Mutter so sehr liebte, noch ihre eigenen Möbel. Das Gut wurde landwirtschaftlich genutzt und verfiel immer mehr.

Es ist ein Wunder, dass Kreisau aus diesen Ruinen und aus dem historischen Schutt neu erschaffen werden konnte. Zu verdanken ist dies einer Initiative, die in die Zeit vor der Wende zurückgeht. Anfang Juni 1989 – in Polen fanden die ersten freien Wahlen statt – kam in Breslau der »Klub Katholischer Intelligenz« (KIK) zusammen, eine Widerstandsbewegung katholischer Intellektueller. Die Tagung war von Menschen in Polen und der DDR vorbereitet worden. Das Thema war der deutsche Widerstand gegen den Nationalsozialismus und schien von verblüffender Aktualität zu sein. Viele Parallelen gab es zum Kreisauer Kreis, viele Anknüpfungspunkte für die eigene Opposition. Wie die »Kreisauer« sahen die Dissidenten im Christentum eine Quelle »für die religiös-sittliche Erneuerung des Volkes«. Und manches aus den Kreisauer Texten gewann eine ganz neue Bedeutung, etwa die Forderung, dass »das zertretene Recht« wieder »aufgerichtet« werden müsse. Für die Mitglieder des Kreisauer Kreises war damals neben der deutsch-französischen auch die »deutsch-polnische Verständigung mehr als eine augenblickliche Bereinigung von Schwierigkeiten«. Sie war »das stabile, auf Dauer eingerichtete Fundament des künftigen Europas«.[203] Drei Tage nach dem Fall der Berliner Mauer kamen Premierminister Tadeusz Mazowiecki und Bundeskanzler Helmut Kohl zu einer Versöhnungsmesse nach Kreisau. Im Juni 1990 gründete der KIK die »Stiftung Kreisau für Europäische Verständigung«. Geld besaß sie keines. Ihr Kapital war eine marode Immobilie und ein riesiges Grundstück. Aber: Die »Stiftung für Deutsch-Polnische Zusammenarbeit« stellte für den Wiederaufbau und die Ersteinrichtung 29 Millionen Mark zur Verfügung.

Heute erstrahlt das ehemalige Gut Kreisau in neuem Glanz. Zwar sind die Gladiatoren über dem Hauptportal verschwunden. Dafür erinnert eine Gedenktafel an die Besonderheit dieses Ortes, was im kommunistischen Polen undenkbar gewesen wäre. Kreisau ist heute eine Europäische Akademie und eine internationale Jugendbegegnungsstätte mit Sporthalle, Tagungsräumen und gut 170 Betten. Kreisau steht aber auch Unternehmen und Verbänden für Tagungen zur Verfügung. Der ehemalige Speicher wurde zu einem Gästehaus mit allem Komfort umgebaut. Und im Gewölbestall, wo einst Moltke'sche Kühe muhten, befindet sich nun der Speisesaal.

Ins »Schloss« gelangt man über eine imposante Freitreppe mit eisernen Geländern. Über dem Eingang prangt das renovierte Moltke-Wappen aus Stein und drei Birkhühnern unter der Grafenkrone. In den ehemaligen, großzügigen Wohn- und Schlafräumen der Familie werden nun Veranstaltungen abgehalten: Musik-, Film-, Tanz-, Schreib- und Übersetzerworkshops; deutsch-polnische Jugendbegegnungen, wobei die Arbeit zunehmend auch auf andere Gebiete Osteuropas ausgedehnt wird. Regelmäßig findet in Kreisau auch der »Model International Criminal Court« (MICC) statt. Hier stellen Jugendliche aus verschiedenen Ländern Europas die

Endphase mehrerer Prozesse vor dem Internationalen Strafgerichtshof in Den Haag nach. Es ist das erste Projekt dieser Art in ganz Europa.

Überquert man das Flüsschen Peile und wandert die prächtige Eichenallee entlang, kommt man zum »Berghaus«. Von der großen, hölzernen Veranda, dem Lieblingsplatz aller Moltkes, hat man einen herrlichen Blick auf die Ausläufer des Eulengebirges und den kegelförmigen Zobten. In den Räumen, in denen einst die Treffen des Kreisauer Kreises stattfanden, erinnern Fotografien an die Widerstandskämpfer. Ein runder Tisch, in vier Segmente zerteilt, bildet zusammengeschoben ein Kreuz; es ist ein Symbol für das christliche Fundament der Kreisauer.

Es ist eine bemerkenswerte Aufgabe, die in Kreisau geleistet wird – eine Aufgabe, die viel Geld kostet und nicht bezuschusst wird. Unterstützt wird die Arbeit von der Kreisau-Initiative Berlin. Sie organisiert Mitglieder, Veranstaltungen und sammelt Spenden, auf die Kreisau auch in Zukunft angewiesen ist. Denn vor allem die Finanzierung der laufenden Unterhaltskosten – Reparaturen, Heizkosten, Mitarbeiterlöhne – sorgt immer wieder für kritische Situationen. Dieses Problem sah auch Freya von Moltke. Im Jahr 2004 wurde daher in ihrem Namen und unter der Schirmherrschaft des Bundespräsidenten Horst Köhler eine Stiftung ins Leben gerufen, die »Freya von Moltke-Stiftung für das Neue Kreisau«. Ziel ist es, einen möglichst großen Kreis von Stiftern und Unterstützern zu versammeln, die gemeinsam zum Erhalt des Ortes Kreisau beitragen wollen. Gemeinsam soll ein Kapitalstock von mindestens drei Millionen Euro zusammengetragen werden, um aus den Zinserträgen die Arbeit in Kreisau langfristig finanziell abzusichern.

Kreisau hat etwas Mystisches, Archaisches, und das nicht nur, weil wir diesen Ort mit dem Schicksal Moltkes und des Kreisauer Kreises in Verbindung bringen. Es ist wichtig, dass das, was hier mit großem Engagement begonnen wurde, im Sinne der Kreisauer weitergeht. Denn Kreisau lebt.

Links:

Stiftung Kreisau für Europäische Verständigung
(Fundacja Krzyżowa dla Porozumienie Europejskiego)
Trägerin der Projekte in Krzyżowa
http: / / www.krzyzowa.org.pl

Kreisau-Initiative Berlin e.V. – Verbindungsbüro zur Stiftung Kreisau für Europäische Verständigung
www.kreisau.de

Freya von Moltke-Stiftung für das Neue Kreisau
Partnerorganisation der Stiftung Kreisau in Deutschland
http: / / www.fvms.de

Ich bedanke mich ...

... bei allen, die mich bei der Arbeit an diesem Buch unterstützt haben:

Bei den Familien von Hülsen und von Moltke, die großzügig Bilder aus dem Familienarchiv zur Verfügung gestellt haben; beim Jesuitenarchiv in München, das bei der Suche nach Fotos zu Alfred Delp weiterhalf; bei meiner Lektorin Marlene Fritsch für die freundschaftliche Zusammenarbeit und ihre Geduld; bei Agnieszka von Zanthier, durch die ich das »Neue Kreisau« kennenlernen durfte und die mich über die Arbeit der Freya-von-Moltke-Stiftung informierte; sowie für die Interviews mit Annemarie Cordes von der Kreisau-Initiative und mit Annemarie Franke, der Leiterin der Gedenkstätte Kreisau.

Literaturverzeichnis

Balfour, Michael / Frisby, Julian / Moltke, Freya von: Helmuth James Graf von Moltke, 1907–1945, Henssel Verlag, Berlin, 1984

Bleistein, Roman: Alfred Delp. Geschichte eines Zeugen. Knecht, Frankfurt am Main, 1989

Buchheit, Gert: Richter in roter Robe. Freisler, Präsident des Volksgerichtshofes, München, 1968

Deichmann, Hans: Leben mit provisorischer Genehmigung. Leben, Werk und Exil von Dr. Eugenie Schwarzwald, Guthmann-Peterson, Berlin, 1988

Delp, Alfred: Gesammelte Schriften, Band I-V, Hrsg. Roman Bleistein, Verlag Josef Knecht, Frankfurt am Main

Delp, Alfred: Kämpfer, Beter, Zeuge; Morus Verlag, Berlin, 1978

Dossier: Kreisauer Kreis. Dokumente aus dem Widerstand gegen den Nationalsozialismus. Hrsg. Roman Bleistein, Verlag Josef Knecht, Frankfurt / Main, 1987

Feldmann, Christian: Alfred Delp. Leben gegen den Strom, Herder, 2005

Finker, Kurt: Graf Moltke und der Kreisauer Kreis, Union Verlag Berlin, 1980

Haub, Rita / Schreibe, Ferdinand: Alfred Delp. Held gegen Hitler, Echter Verlag, Würzburg, 2005

Hürten, Heinz: Deutsche Katholiken 1918–1945, Paderborn, 1992

Kempner, Maria Benedicta: Priester vor Hitlers Tribunalen, Gütersloh 1966

Kramarz, Joachim: Claus Graf Stauffenberg, Frankfurt am Main, 1965

Lilje, Hanns: Im finstern Tal, Nürnberg, 1947

Mehlhausen, Joachim: Zeugen des Widerstands, J.C.B. Mohr Verlag, Tübingen, 1996

Moltke, Dorothy von: Ein Leben in Deutschland. Briefe aus Kreisau und Berlin. 1907–1934, C.H. Beck, München, 1999

Moltke, Freya von: Erinnerungen an Kreisau 1930–1945, C.H. Beck, München

Moltke, Helmuth James von: Briefe an Freya, 1939–1945, C.H. Beck, München, 1991

Poelchau, Harald: Die letzten Stunden, Berlin 1987

Pope, Michael: Alfred Delp SJ im Kreisauer Kreis, Matthias-Grünewald-Verlag, Mainz, 1994

Reden und Ansprachen zum Gedenken an Pater Alfred Delp SJ, Druckwerk GmbH, Worms, 2000, S. 40

Rösch, Augustin: Kampf gegen den Nationalsozialismus, hrsg. von Roman Bleistein, Frankfurt am Main, 1985

Roon, Ger van (Hrsg.): Deutscher Widerstand 1933–1945. Helmuth James Graf von Moltke. Völkerrecht im Dienste der Menschen. Siedler Verlag, Berlin, 1986

Roon, Ger van: Neuordnung im Widerstand, R. Oldenbourg Verlag, München, 1967

Schwerin, Franz Graf von: Helmuth James Graf von Moltke: Im Widerstand die Zukunft denken. Zielvorstellungen für ein neues Deutschland, Ferdinand Schöning Verlag, Paderborn, 1999

Streit, Christian: Keine Kameraden. Die Wehrmacht und die sowjetischen Kriegsgefangenen 1941–1945, Verlag J.H.W. Dietz Nachf., Bonn, 1991

Weber, Max: Die protestantische Ethik und der Geist des Kapitalismus, Area, Erftstadt, 2005

Anmerkungen

1 Roman Bleistein: Alfred Delp. Geschichte eines Zeugen. Knecht, Frankfurt am Main, 1989, S. 17
2 Ebd., S. 17 f.
3 Friedrich Delp im telefonischen Gespräch mit der Autorin am 18.09.2006
4 Ebd.
5 Alfred Delp: Gesammelte Schriften, Band IV, Hrsg. Roman Bleistein, Verlag Josef Knecht, Frankfurt am Main, 1984, S. 313
6 Dr. Ludwig Hellriegel in: Reden und Ansprachen zum Gedenken an Pater Alfred Delp SJ, Druckwerk GmbH, Worms, 2000, S. 40
7 Alfred Delp: Gesammelte Schriften, Band III, Hrsg. Roman Bleistein, Verlag Josef Knecht, Frankfurt am Main, 1983, S. 68 f.
8 Roman Bleistein: Alfred Delp. Geschichte eines Zeugen. Knecht, Frankfurt am Main, 1989, S. 23
9 Peter Hammerich in: Reden und Ansprachen zum Gedenken an Pater Alfred Delp SJ, Druckwerk GmbH, Worms, 2000, S. 81
10 Alfred Delp: Gesammelte Schriften, Band V, Hrsg. Roman Bleistein, Verlag Josef Knecht, Frankfurt am Main, 1988, S. 92
11 Friedrich Delp im telefonischen Gespräch mit der Autorin am 18.09.2006
12 zit. n. Franz Henrich: Die Bünde katholischer Jugendbewegung, Kösel Verlag, München, 1968, S. 64
13 Ebd., S. 155
14 Ebd., S. 155
15 Alfred Delp: Gesammelte Schriften, Band III, Hrsg. Roman Bleistein, Verlag Josef Knecht, Frankfurt am Main, 1983, S. 365
16 zit. n. Franz Henrich: Die Bünde katholischer Jugendbewegung, Kösel Verlag, München, 1968, S. 182
17 zit. n.: www.briegel-online.de / zulas / ZL1–1.HTM: »Die katholische Jugend in der Zeit der Weimarer Republik«
18 Ebd.
19 Albert Münch, später Pfarrer. Zit. n. Roman Bleistein: Alfred Delp. Geschichte eines Zeugen. Knecht, Frankfurt am Main, 1989, S. 28
20 zit. n. Franz Henrich: Die Bünde katholischer Jugendbewegung, Kösel Verlag, München, 1968, S. 93
21 Alfred Delp: Gesammelte Schriften, Band V, Hrsg. Roman Bleistein, Verlag Josef Knecht, Frankfurt am Main, 1988, S. 192
22 Ebd., S. 192 f.
23 Michael Balfour / Julian Frisby / Freya von Moltke: Helmuth James Graf von Moltke, 1907–1945, Henssel Verlag, Berlin, 1984, S. 31 f.

24 zit. n. Kurt Finker: Graf Moltke und der Kreisauer Kreis, Union Verlag, 1980, S. 7
25 Michael Balfour / Julian Frisby / Freya von Moltke: Helmuth James Graf von Moltke, 1907–1945, Henssel Verlag, Berlin, 1984, S. 32
26 s. Freya von Moltke: Erinnerungen an Kreisau 1930–1945, C.H. Beck, München, 1997, S. 99
27 Helmuth James Graf von Moltke in einem Brief an seine Kinder, geschrieben im Gefängnis 1944, zit. n.: Michael Balfour / Julian Frisby / Freya von Moltke: Helmuth James Graf von Moltke, 1907–1945, Henssel Verlag, Berlin, 1984, S. 23
28 Ebd., S. 23 f.
29 s. Freya von Moltke: Erinnerungen an Kreisau 1930–1945, C.H. Beck, München, 1997, S. 13
30 s. Dorothy von Moltke: Ein Leben in Deutschland. Briefe aus Kreisau und Berlin. 1907–1934, C.H. Beck, München, 1999, S. 27
31 Ebd., S. 5
32 s. Dorothy von Moltke: Ein Leben in Deutschland. Briefe aus Kreisau und Berlin. 1907–1934, C.H. Beck, München, 1999, S. 51
33 Michael Balfour / Julian Frisby / Freya von Moltke: Helmuth James Graf von Moltke, 1907–1945, Henssel Verlag, Berlin, 1984, S. 15
34 s. Dorothy von Moltke: Ein Leben in Deutschland. Briefe aus Kreisau und Berlin. 1907–1934, C.H. Beck, München, 1999, S. 27
35 Michael Balfour / Julian Frisby / Freya von Moltke: Helmuth James Graf von Moltke, 1907–1945, Henssel Verlag, Berlin, 1984, S. 19
36 Ebd., S. 19
37 Ebd., S. 27
38 aus der Stiftungsurkunde der Stiftung Landheim Schondorf am Ammersee
39 s. Dorothy von Moltke: Ein Leben in Deutschland. Briefe aus Kreisau und Berlin. 1907–1934, C.H. Beck, München, 1999, S. 76
40 Michael Balfour / Julian Frisby / Freya von Moltke: Helmuth James Graf von Moltke, 1907–1945, Henssel Verlag, Berlin, 1984, S. 28
41 Ebd.
42 Roman Bleistein: Alfred Delp. Geschichte eines Zeugen. Knecht, Frankfurt am Main, 1989, S. 33
43 Alfred Delp: Gesammelte Schriften, Band V, Hrsg. Roman Bleistein, Verlag Josef Knecht, Frankfurt am Main, 1988, S. 22
44 Alfred Delp: Gesammelte Schriften, Band III, Hrsg. Roman Bleistein, Verlag Josef Knecht, Frankfurt am Main, 1983, S. 365
45 Alfred Delp: Gesammelte Schriften, Band V, Hrsg. Roman Bleistein, Verlag Josef Knecht, Frankfurt am Main, 1988, S. 91
46 Alfred Delp: Gesammelte Schriften, Band V, Hrsg. Roman Bleistein, Verlag Josef Knecht, Frankfurt am Main, 1988, S. 38

47 Alfred Delp: Gesammelte Schriften, Band IV, Hrsg. Roman Bleistein, Verlag Josef Knecht, Frankfurt am Main, 1983, S. 143
48 P. Anton David SJ (1851–1931): »Ein Präfektenbuch«, 1916, S. 5; zit. n.: Roman Bleistein: Alfred Delp. Geschichte eines Zeugen. Knecht, Frankfurt am Main, 1989, S. 63
49 Alfred Delp: Gesammelte Schriften, Band V, Hrsg. Roman Bleistein, Verlag Josef Knecht, Frankfurt am Main, 1988, S. 27
50 Roman Bleistein: Alfred Delp. Geschichte eines Zeugen. Knecht, Frankfurt am Main, 1989, S. 64
51 Ebd., S. 66
52 Ebd., S. 68
53 Alfred Delp: Gesammelte Schriften, Band I, Hrsg. Roman Bleistein, Verlag Josef Knecht, Frankfurt am Main, 1982, S. 54
54 Roman Bleistein: Alfred Delp. Geschichte eines Zeugen. Knecht, Frankfurt am Main, 1989, S. 82
55 Alfred Delp: Gesammelte Schriften, Band IV, Hrsg. Roman Bleistein, Verlag Josef Knecht, Frankfurt am Main, 1982, S. 196 ff.
56 Roman Bleistein: Alfred Delp. Geschichte eines Zeugen. Knecht, Frankfurt am Main, 1989, S. 93
57 Ebd.
58 Ebd.
59 Alfred Delp: Gesammelte Schriften, Band I, Hrsg. Roman Bleistein, Verlag Josef Knecht, Frankfurt am Main, 1982, S. 108
60 Ebd., S. 125
61 Alfred Delp: Gesammelte Schriften, Band V, Hrsg. Roman Bleistein, Verlag Josef Knecht, Frankfurt am Main, 1988, S. 77
62 Rita Haub / Friedrich Schreiber: Alfred Delp. Held gegen Hitler, Echter Verlag, 2005, S. 38
63 Roman Bleistein: Alfred Delp. Geschichte eines Zeugen. Knecht, Frankfurt am Main, 1989, S. 123
64 Ebd., S. 125
65 Alfred Delp: Gesammelte Schriften, Band I, Hrsg. Roman Bleistein, Verlag Josef Knecht, Frankfurt am Main, 1982, S. 207
66 Ebd., S. 212
67 Ebd.
68 Roman Bleistein: Alfred Delp. Geschichte eines Zeugen. Knecht, Frankfurt am Main, 1989, S. 141
69 Ebd., S. 141
70 Alfred Delp: Gesammelte Schriften, Band II, Hrsg. Roman Bleistein, Verlag Josef Knecht, Frankfurt am Main, 1983, S. 244
71 Ebd.
72 Ebd., S. 245
73 Ebd., S. 247
74 Ebd., S. 200
75 Ebd., S. 379
76 Ebd., S. 321
77 Roman Bleistein: Alfred Delp. Geschichte eines Zeugen. Knecht, Frankfurt am Main, 1989, S. 177

78 Ebd.
79 Ebd., S. 191
80 Ebd., S. 191, s. Anm.
81 s. Dorothy von Moltke: Ein Leben in Deutschland. Briefe aus Kreisau und Berlin. 1907–1934, C.H. Beck, München, 1999, S. 100 f.
82 Michael Balfour / Julian Frisby / Freya von Moltke: Helmuth James Graf von Moltke, 1907–1945, Henssel Verlag, Berlin, 1984, S. 33
83 Ebd., S. 33
84 Beate Ruhm von Oppen in: Helmuth James von Moltke: Briefe an Freya, 1939–1945, C.H. Beck, München, 1991, S. 19f
85 H. J. v. Moltke in einem Brief an seine Söhne in: Michael Balfour / Julian Frisby / Freya von Moltke: Helmuth James Graf von Moltke, 1907–1945, Henssel Verlag, Berlin, 1984, S. 28
86 s. Dorothy von Moltke: Ein Leben in Deutschland. Briefe aus Kreisau und Berlin. 1907–1934, C.H. Beck, München, 1999, S. 109
87 s.: www.projekte.vhs. at / eSchwarzwald /
88 s. Dorothy von Moltke: Ein Leben in Deutschland. Briefe aus Kreisau und Berlin. 1907–1934, C.H. Beck, München, 1999, S. 157
89 s. Dorothy von Moltke: Ein Leben in Deutschland. Briefe aus Kreisau und Berlin. 1907–1934, C.H. Beck, München, 1999, S. 125
90 so Dorothy von Molte in ihrem Brief vom 25.6.34 an ihre Eltern in: Dorothy von Moltke: Ein Leben in Deutschland. Briefe aus Kreisau und Berlin. 1907–1934, C.H. Beck, München, 1999, S. 280
91 s. Freya von Moltke: Erinnerungen an Kreisau 1930–1945, C.H. Beck, München, 1997, S. 16
92 http: / / projekte.vhs. at / ESchwarzwald / dieloge.
93 Ger van Roon (Hrsg.): Deutscher Widerstand 1933–1945. Helmuth James Graf von Moltke. Völkerrecht im Dienste der Menschen. Siedler Verlag, Berlin, 1986, S. 61
94 Ger van Roon (Hrsg.): Deutscher Widerstand 1933–1945. Helmuth James Graf von Moltke. Völkerrecht im Dienste der Menschen. Siedler Verlag, Berlin, 1986, S. 61
95 Michael Balfour / Julian Frisby / Freya von Moltke: Helmuth James Graf von Moltke, 1907–1945, Henssel Verlag, Berlin, 1984, S. 36
96 Helmuth von Moltke an Karin Michaelis, s. Ger von Roon (Hrsg.): Deutscher Widerstand 1933–1945. Helmuth James Graf von Moltke. Völkerrecht im Dienste der Menschen. Siedler Verlag, Berlin, 1986, S. 44
97 Moltkes Mutter spricht in ihrem Brief vom 23.3.28 von nur 50 jungen Leuten: s. Dorothy von Moltke: Ein Leben in Deutschland. Briefe aus Kreisau und Berlin. 1907–1934, C.H. Beck, München, 1999, S. 139;
Ger von Roon (Hrsg.): Deutscher Widerstand 1933–1945. Hel-

muth James Graf von Moltke. Völkerrecht im Dienste der Menschen. Siedler Verlag, Berlin, 1986, S. 13 sowie Michael Balfour / Julian Frisby / Freya von Moltke: Helmuth James Graf von Moltke, 1907–1945, Henssel Verlag, Berlin, 1984, S. 36 sprechen jedoch von 100 teilnehmenden Leuten.

98 s. Dorothy von Moltke: Ein Leben in Deutschland. Briefe aus Kreisau und Berlin. 1907–1934, C.H. Beck, München, 1999, S. 139

99 Ebd.

100 Ger van Roon (Hrsg.): Deutscher Widerstand 1933–1945. Helmuth James Graf von Moltke. Völkerrecht im Dienste der Menschen. Siedler Verlag, Berlin, 1986, S. 14

101 Ebd., S. 60

102 Michael Balfour / Julian Frisby / Freya von Moltke: Helmuth James Graf von Moltke, 1907–1945, Henssel Verlag, Berlin, 1984, S. 49

103 Ebd., S. 50

104 s. Dorothy von Moltke: Ein Leben in Deutschland. Briefe aus Kreisau und Berlin. 1907–1934, C.H. Beck, München, 1999, S. 164

105 s. Michael Balfour / Julian Frisby / Freya von Moltke: Helmuth James Graf von Moltke, 1907–1945, Henssel Verlag, Berlin, 1984, S. 46

106 s. Michael Balfour / Julian Frisby / Freya von Moltke: Helmuth James Graf von Moltke, 1907–1945, Henssel Verlag, Berlin, 1984, S. 51

107 s. Freya von Moltke: Erinnerungen an Kreisau 1930–1945, C.H. Beck, München, 1997, S. 33

108 Michael Balfour / Julian Frisby / Freya von Moltke: Helmuth James Graf von Moltke, 1907–1945, Henssel Verlag, Berlin, 1984, S. 57 f.

109 Ger van Roon (Hrsg.): Deutscher Widerstand 1933–1945. Helmuth James Graf von Moltke. Völkerrecht im Dienste der Menschen. Siedler Verlag, Berlin, 1986, S. 87

110 Michael Balfour / Julian Frisby / Freya von Moltke: Helmuth James Graf von Moltke, 1907–1945, Henssel Verlag, Berlin, 1984, S. 68

111 Ebd., S. 91

112 Alfred Delp: Gesammelte Schriften, Band V, Hrsg. Roman Bleistein, Verlag Josef Knecht, Frankfurt am Main, 1988, S. 121

113 Alfred Delp: Gesammelte Schriften, Band III, Hrsg. Roman Bleistein, Verlag Josef Knecht, Frankfurt am Main, 1983, S. 266 ff.

114 Roman Bleistein: Alfred Delp. Geschichte eines Zeugen. Knecht, Frankfurt am Main, 1989, S. 203

115 Delp in einem Brief an Karl Kreuser in: Alfred Delp: Gesammelte Schriften, Band V, Hrsg. Roman Bleistein, Verlag Josef Knecht, Frankfurt am Main, 1988, S. 167

116 Alfred Delp: Gesammelte Schriften, Band IV, Hrsg. Roman Bleistein, Verlag Josef Knecht, Frankfurt am Main, 1984, S. 319
117 Alfred Delp: Gesammelte Schriften, Band II, Hrsg. Roman Bleistein, Verlag Josef Knecht, Frankfurt am Main, 1983, S. 417
118 Ebd., S. 378
119 s. Freya von Moltke: Erinnerungen an Kreisau 1930–1945, C.H. Beck, München, 1997, S. 39
120 s. Brief v. 15. Sept. 1939 in: Helmuth James von Moltke: Briefe an Freya, 1939–1945, C.H. Beck, München, 1991, S. 67 f.
121 s. Brief v. 15. Sept. 1939 in: Helmuth James von Moltke: Briefe an Freya, 1939–1945, C.H. Beck, München, 1991, S. 68
122 Ger van Roon (Hrsg.): Deutscher Widerstand 1933–1945. Helmuth James Graf von Moltke. Völkerrecht im Dienste der Menschen. Siedler Verlag, Berlin, 1986, S. 221
123 Ebd., S. 216, s. Anmerkung 2
124 s. Dokument Nr. 25 in: Ger von Roon (Hrsg.): Deutscher Widerstand 1933–1945. Helmuth James Graf von Moltke. Völkerrecht im Dienste der Menschen. Siedler Verlag, Berlin, 1986, S. 238
125 s. Christian Streit: Keine Kameraden. Die Wehrmacht und die sowjetischen Kriegsgefangenen 1941–1945, Verlag J.H.W. Dietz Nachf., Bonn, 1991, S. 181
126 Ebd., S. 401, Anm. 49
127 Ebd., S. 231
128 Christian Streit: Keine Kameraden. Die Wehrmacht und die sowjetischen Kriegsgefangenen 1941–1945, Verlag J.H.W. Dietz Nachf., Bonn, 1991, S. 182
129 Ebd., S. 258
130 s. Brief v. 13. Nov. 1941 in: Helmuth James von Moltke: Briefe an Freya, 1939–1945, C.H. Beck, München, 1991, S. 318
131 s. Brief v. 8. Nov. 1941 in: Helmuth James von Moltke: Briefe an Freya, 1939–1945, C.H. Beck, München, 1991, S. 313
132 Brief v. 13. Nov. 1941 in: Helmuth James von Moltke: Briefe an Freya, 1939–1945, C.H. Beck, München, 1991, S. 318
133 s. Brief v. 13.11.1941 u. 17.11.1941 in: Helmuth James von Moltke: Briefe an Freya, 1939–1945, C.H. Beck, München, 1991, S. 318 u. 325
134 Ebd., S. 308, s. Brief v. 21.10.1941
135 Ebd.
136 Moltke in einem Brief an Lionel Curtis, den er am 25. März 1943 von Stockholm (ohne Zensur) schreiben konnte. In: Michael Balfour / Julian Frisby / Freya von Moltke: Helmuth James Graf von Moltke, 1907–1945, Henssel Verlag, Berlin, 1984, S. 215
137 s. Freya von Moltke: Erinnerungen an Kreisau 1930–1945, C.H. Beck, München, 1997, S. 49
138 zit. n. Michael Balfour / Julian Frisby / Freya von Moltke: Helmuth James Graf von Moltke, 1907–1945, Henssel Verlag, Berlin, 1984, S. 208

139 Michael Balfour/Julian Frisby/Freya von Moltke: Helmuth James Graf von Moltke, 1907–1945, Henssel Verlag, Berlin, 1984, S. 212 f.
140 Ger van Roon: Neuordnung im Widerstand, R. Oldenbourg Verlag, München, 1967, S. 223
141 Dossier: Kreisauer Kreis. Dokumente aus dem Widerstand gegen den Nationalsozialismus. Hrsg. Roman Bleistein, Verlag Josef Knecht, Frankfurt/Main, 1987, S. 124
142 Freya von Moltke in einem Brief v. 22. Feb. 1954 in: Alfred Delp. Kämpfer, Beter, Zeuge; Morus Verlag, Berlin, 1978, S. 111
143 Roman Bleistein: Alfred Delp. Geschichte eines Zeugen. Knecht, Frankfurt am Main, 1989, S. 259
144 Dossier: Kreisauer Kreis. Dokumente aus dem Widerstand gegen den Nationalsozialismus. Hrsg. Roman Bleistein, Verlag Josef Knecht, Frankfurt/Main, 1987, S. 278
145 Kurt Finker: Graf Moltke und der Kreisauer Kreis, Union Verlag Berlin, 1980, S. 68 f.
146 Dossier: Kreisauer Kreis. Dokumente aus dem Widerstand gegen den Nationalsozialismus. Hrsg. Roman Bleistein, Verlag Josef Knecht, Frankfurt/Main, 1987, S. 331 f.
147 Dossier: Kreisauer Kreis. Dokumente aus dem Widerstand gegen den Nationalsozialismus. Hrsg. Roman Bleistein, Verlag Josef Knecht, Frankfurt/Main, 1987, S. 331
148 Michael Balfour/Julian Frisby/Freya von Moltke: Helmuth James Graf von Moltke, 1907–1945, Henssel Verlag, Berlin, 1984, S. 218
149 Kurt Finker: Graf Moltke und der Kreisauer Kreis, Union Verlag Berlin, 1980, S. 209
150 Dossier: Kreisauer Kreis. Dokumente aus dem Widerstand gegen den Nationalsozialismus. Hrsg. Roman Bleistein, Verlag Josef Knecht, Frankfurt/Main, 1987, S. 87
151 Ebd.
152 Kurt Finker: Graf Moltke und der Kreisauer Kreis, Union Verlag Berlin, 1980, S. 229f.
153 Die Methoden der Wirtschaftslenkung, Denkschrift Einsiedels und Trothas in: Ger van Roon: Neuordnung im Widerstand, R. Oldenbourg Verlag, München, 1967, S. 529
154 s. Dossier: Kreisauer Kreis. Dokumente aus dem Widerstand gegen den Nationalsozialismus. Hrsg. Roman Bleistein, Verlag Josef Knecht, Frankfurt/Main, 1987, S. 231
155 Dossier: Kreisauer Kreis. Dokumente aus dem Widerstand gegen den Nationalsozialismus. Hrsg. Roman Bleistein, Verlag Josef Knecht, Frankfurt/Main, 1987, S. 322 f.
156 Ebd., S. 323 f.
157 Dossier: Kreisauer Kreis. Dokumente aus dem Widerstand gegen den Nationalsozialismus. Hrsg. Roman Bleistein, Verlag Josef Knecht, Frankfurt/Main, 1987, S. 306 f.

158 Elke Endraß: Bonhoeffer und seine Richter. Ein Prozess und sein Nachspiel, Verlag Kreuz, 2006
159 Ger van Roon: Neuordnung im Widerstand, R. Oldenbourg Verlag, München, 1967, S. 558
160 zit. n. Ger van Roon: Neuordnung im Widerstand, R. Oldenbourg Verlag, München, 1967, S. 472 f.
161 Dossier: Kreisauer Kreis. Dokumente aus dem Widerstand gegen den Nationalsozialismus. Hrsg. Roman Bleistein, Verlag Josef Knecht, Frankfurt / Main, 1987, S. 119
162 Michael Pope: Alfred Delp S.J. im Kreisauer Kreis, Matthias-Grünewald-Verlag, Mainz, 1994, S. 124
163 Roman Bleistein: Alfred Delp. Geschichte eines Zeugen. Knecht, Frankfurt am Main, 1989, S. 478
164 Ebd., S. 470
165 Ebd.
166 Roman Bleistein: Alfred Delp. Geschichte eines Zeugen. Knecht, Frankfurt am Main, 1989, S. 214
167 Michael Balfour / Julian Frisby / Freya von Moltke: Helmuth James Graf von Moltke, 1907–1945, Henssel Verlag, Berlin, 1984, S. 128
168 Helmuth James Graf von Moltke: »Die kleinen Gemeinschaften« in: Franz Graf von Schwerin: Helmuth James Graf von Moltke: Im Widerstand die Zukunft denken, Ferdinand Schöning, Paderborn, 1999, S. 157
169 Ebd., S. 159
170 Helmuth James Graf von Moltke: »Ausgangslage, Ziele und Aufgaben« in: Franz Graf von Schwerin: Helmuth James Graf von Moltke: Im Widerstand die Zukunft denken, Ferdinand Schöning, Paderborn, 1999, S. 184
171 Ebd., S. 182
172 Helmuth James Graf von Moltke: »Ausgangslage, Ziele und Aufgaben« in: Franz Graf von Schwerin: Helmuth James Graf von Moltke: Im Widerstand die Zukunft denken, Ferdinand Schöning, Paderborn, 1999, S. 186
173 Ebd., S. 183
174 s. Freya von Moltke: Erinnerungen an Kreisau 1930–1945, C.H. Beck, München, 1997, S. 43
175 Kurt Finker: Graf Moltke und der Kreisauer Kreis, Union Verlag Berlin, 1980, S. 262
176 Harald Poelchau, zit. n.: Kurt Finker: Graf Moltke und der Kreisauer Kreis, Union Verlag Berlin, 1980, S. 263
177 Ger van Roon: Neuordnung im Widerstand, R. Oldenbourg Verlag, München, 1967, S. 291
178 Michael Balfour / Julian Frisby / Freya von Moltke: Helmuth James Graf von Moltke, 1907–1945, Henssel Verlag, Berlin, 1984, S. 286 f.
179 s. Freya von Moltke: Erinnerungen an Kreisau 1930–1945, C.H. Beck, München, 1997, S. 71

180 Helmuth James von Moltke: Briefe an Freya, 1939–1945, C.H. Beck, München, 1991, S. 608
181 s. Roman Bleistein: Alfred Delp. Geschichte eines Zeugen. Knecht, Frankfurt am Main, 1989, S. 293
182 Ebd., S. 288
183 Bayerischer Rundfunk, 17. Juni 1984
184 s. Roman Bleistein: Alfred Delp. Geschichte eines Zeugen. Knecht, Frankfurt am Main, 1989, S. 299
185 Alfred Delp: Gesammelte Schriften, Band IV, Hrsg. Roman Bleistein, Verlag Josef Knecht, Frankfurt am Main, 1984, S. 307
186 Roman Bleistein: Alfred Delp. Geschichte eines Zeugen. Knecht, Frankfurt am Main, 1989, S. 303
187 Alfred Delp: Gesammelte Schriften, Band IV, Hrsg. Roman Bleistein, Verlag Josef Knecht, Frankfurt am Main, 1984, S. 231
188 Alfred Delp: Gesammelte Schriften, Band IV, Hrsg. Roman Bleistein, Verlag Josef Knecht, Frankfurt am Main, 1984, S. 30
189 Hanns Lilje: Im finstern Tal. Zit. n.: Roman Bleistein: Alfred Delp. Geschichte eines Zeugen. Knecht, Frankfurt am Main, 1989, S. 329
190 Alfred Delp: Gesammelte Schriften, Band IV, Hrsg. Roman Bleistein, Verlag Josef Knecht, Frankfurt am Main, 1984, S. 73
191 Ger van Roon: Neuordnung im Widerstand, R. Oldenbourg Verlag, München, 1967, S. 594
192 Roman Bleistein: Alfred Delp. Geschichte eines Zeugen. Knecht, Frankfurt am Main, 1989, S. 376
193 Ebd., S. 377 f.
194 s. Moltkes Abschiedsbrief v. 10. Januar 1945 in: Helmuth James von Moltke: Briefe an Freya, 1939–1945, C.H. Beck, München, 1991, S. 614 f.
195 Ebd., S. 616
196 Ebd., S. 622
197 s. Moltkes Abschiedsbrief v. 11. Januar 1945 in: Helmuth James von Moltke: Briefe an Freya, 1939–1945, C.H. Beck, München, 1991, S. 624
198 Roman Bleistein: Alfred Delp. Geschichte eines Zeugen. Knecht, Frankfurt am Main, 1989, S. 3
199 s. Moltkes Abschiedsbrief v. 11. Januar 1945 in: Helmuth James von Moltke: Briefe an Freya, 1939–1945, C.H. Beck, München, 1991, S. 625
200 Michael Balfour / Julian Frisby / Freya von Moltke: Helmuth James Graf von Moltke, 1907–1945, Henssel Verlag, Berlin, 1984, S. 314
201 Roman Bleistein: Alfred Delp. Geschichte eines Zeugen. Knecht, Frankfurt am Main, 1989, S. 408
202 s. Freya von Moltke: Erinnerungen an Kreisau 1930–1945, C.H. Beck, München, 1997, S. 7
203 Theodor Haubach in: Ger van Roon: Neuordnung im Widerstand, R. Oldenbourg Verlag, München, 1967, S. 458

Literaturnachweis

S. 7: entnommen aus: Alfred Delp, gesammelte Schriften Bd. III Hrsg. von Roman Bleistein, S. 68 f.

S. 22 / 23: entnommen aus: Alfred Delp, gesammelte Schriften Bd. V Hrsg. von Roman Bleistein, S. 92

S. 63 / 64: entnommen aus: Alfred Delp, gesammelte Schriften Bd. I Hrsg. von Roman Bleistein, S. 108 f.

S. 96 / 97: aus: Michael Bafour / Julian Frisby / Freya von Moltke: Helmuth James Graf von Moltke, 1907–1945, S. 57 f. Henssel Verlag, Berlin 1984 © Diogenes Verlag, Zürich 1995

S. 128 / 129: aus: Alfred Delp. Kämpfer, Beter, Zeuge. Morus Verlag, Berlin 1978, S. 111, mit freundlicher Genehmigung des Verlags

S. 177 / 178: aus: Helmuth James von Moltke, Briefe an Freya 1939–1945, Verlag C. H. Beck oHG, München, S. 614 f.

Bibliografische Information der Deutschen Bibliothek
Die Deutsche Bibliothek verzeichnet diese Publikation in der Deutschen Nationalbibliografie; detaillierte bibliografische Daten sind im Internet über http://dnb.ddb.de abrufbar.

Postfach 80 06 69, 70506 Stuttgart

www.kreuzverlag.de

Umschlaggestaltung: Bergmoser + Höller Agentur, Aachen
Umschlagbild: © picture-alliance / akg-images
Autorenfoto: © privat
Fotos von Pater Alfred Delp: © SJ-Bild
Fotos von Helmuth James Graf von Moltke:
Wir danken der Familie von Moltke, die uns die Fotos von H. J. Graf von Moltke mit freundlicher Genehmigung zur Verfügung gestellt hat.
Satz: de·te·pe, Aalen
Druck: Clausen & Bosse, Leck

ISBN 978-3-7831-2881-9